분위기에 맞는 요리
맛있는 소스 만들기

유지선 지음

tasty sauce

예신 BOOKS

머리말

우리가 매일 대하는 맛있는 요리에는 보이지 않는 많은 재료들의 조화로움이 숨어 있다. 한여름 더위를 단번에 식혀 주는 시원한 물냉면은 새콤달콤한 육수가 일등공신이며, 산뜻한 나물과 함께 쓱쓱 비벼먹는 비빔밥은 고추장과 참기름 한 방울이 일등공신이다.

우리는 흔히 소스를 서양요리에서 맛이나 모양을 내기 위해서 사용하는 약간은 고급스럽고 생소한 것으로만 여겨 특별한 날 분위기를 내고자 할 때 많이 사용되는 것으로 알고 있다. 예를 들면 콩으로 메주를 쑤어 자연발효시킨 후 소금물에 담궈 오랜 시간 정성을 기울여 숙성시킨 우리의 간장은 너무 일반적인 것으로 생각하고 있지만 양식에 많이 사용되는 우스터소스나 중식에 많이 사용되는 굴소스는 간장과 비슷한 역할을 하는 것임에도 고급스럽게 인식되고 있다.

하지만 음식의 맛이나 모양을 내기 위한 면에서 보면 소스의 원조는 당연 우리 선조들이 즐겨 사용한 각종 양념과 장류가 아닐까 싶다. 맛깔스럽고 오래도록 먹을 수 있는 김치에 들어가는 양념, 각종 전과 함께 먹을 수 있도록 배려한 새콤한 초간장, 모내기철 들판에서의 푸짐한 된장쌈장과 매콤한 고추장쌈장 등 이 모두가 화려하지는 않아도 요리의 맛과 향을 더욱 살려 주는 우리의 소스인 것이다.

이 책에서는 우리가 늘 대하는 나물에 들어가는 양념과 각종 전골을 먹을 때 곁들이는 색다른 소스, 미리 준비해 두면 한결 알찬 식단을 만들 수 있는 소스들에 관하여 세 단락으로 나누어 그 조리법을 사진과 함께 상세하게 설명하였다.

이제 요리와 소스는 구분지어 생각해서는 안 될 것이다.

요리를 하나의 조화로운 예술품으로 본다면 모든 예술 공연에서 주연이 있으면 그 주연을 더욱 빛나게 도와주는 조연이 있듯 요리에서 소스 또한 그렇게 인식되어야 할 것이다. 이 책으로 지금까지 서양의 것으로 어렵고 고급스럽게만 인식이 되었던 소스가 좀더 가까이, 우리의 것으로 발전되었으면 하는 바람이다.

유지선 (simbo69@lycos.co.kr)
www.cyworld.co.kr/simbo69

Part ❶ 간단한 맛내기 소스

국수장국 • 9
비빔국수 • 11
비빔냉면 • 13
물냉면 • 15
메밀막국수 • 17
야채쫄면 • 19
칼국수 • 21
콩나물밥 • 23
나물비빔밥 • 25
열무비빔밥 • 27
무굴밥 • 29
회덮밥 • 31
간단유부초밥 • 33
굴전 • 35
생선살튀김 • 37
해물파메밀전 • 39
단호박전 • 41
김치부침개 • 43
호박전 • 45
닭안심살버섯전 • 47
고추장떡 • 49

해물전골 • 51
소고기샤브샤브 • 53
해물버섯순두부국 • 55
돼지갈비김치전골 • 57
봄동무침 • 59
두가지 양념의 무생채 • 61
애호박새우젓무침 • 63
가지와 새송이버섯무침 • 65
돌나물무침 • 66
씀바귀무침 • 67
두릅회 • 68
냉이무침 • 69
깻잎무침 • 70
단무지무침 • 71
굴야채무침 • 72
마늘종무침 • 73
미삼무침 • 74
쑥갓무침 • 75
도라지오이생채 • 76
노각생채 • 77

Part 2 상황별 소스

- 닭안심버섯덮밥 • 81
- 돈육등심파인애플덮밥 • 83
- 해물덮밥 • 85
- 우엉소고기잡채덮밥 • 87
- 해시라이스 • 89
- 야채카레라이스 • 91
- 닭고기자장라이스 • 93
- 케이준샐러드 • 95
- 또띠야샐러드 • 97
- 만두피샐러드 • 99
- 과일너트샐러드 • 101
- 굴튀김야채샐러드 • 103
- 감자모둠샐러드 • 105
- 항정살과 매콤한 간장소스 • 107
- 갈매기살과 된장소스 • 109
- 오겹살과 초고추장소스 • 111
- 삼겹살과 고추장사과소스 • 113

Part 3 만들어 두면 요긴한 소스들

- 맛간장 • 117
- 고추기름 • 119
- 약고추장 • 121
- 쌈장 • 123
- 마요네즈 • 125
- 케첩 • 127
- 장어구이소스 • 129
- 돈가스소스 • 131
- 스파게티소스 • 133

Appendix 부록

- 면 맛있게 삶기 • 136
- 여러 가지 용어들 • 138
- 여러 가지 육수 만들기 • 139
- 맛별로 분류해 본 소스 • 140

Part 1

간단한 맛내기 소스

같은 양념이라도 그 양에 따라 맛이 달라지기도 하고, 같은 맛을 내는 양념이라도 종류에 따라 맛의 정도가 다르다.
면류나 밥류, 각종 전과 국물요리, 나물무침에 더욱 다양한 양념을 사용해 보고 양념의 양을 적절히 조절하여 새로운 맛을 느껴보자.

국수장국

🍴 주재료(2인분)

소면 300g, 국물내기 멸치 10마리, 다시마(사방 10cm), 애호박 1/4개, 감자 1/2개, 당근 1/4개, 달걀 1개, 국간장 1큰술, 다진 마늘 1작은술, 청주 1/2큰술, 소금·식용유 약간씩

요리 만드는 법

1 소면은 끓는 물에 소금과 식용유를 약간씩 넣고 투명하게 삶는다. 찬물에 헹궈 체에 적당한 양으로 나누어 담아 물기를 뺀다.

2 냄비에 물 5컵을 붓고 멸치와 다시마를 넣어 은근히 끓인다. 멸치육수가 만들어지면 멸치와 다시마는 건져 낸다.

3 멸치육수에 국간장과 소금을 약간씩 넣어 심심하게 간을 한 후 애호박, 감자, 당근을 각각 채썰어 넣고 끓인다. 야채가 익으면 달걀을 풀어 넣고 다진 마늘과 청주를 넣는다.

4 그릇에 소면을 담고 뜨끈한 장국 국물을 담은 후 양념장을 곁들여 낸다.

소스(양념장) 만드는 법

1 그릇에 간장과 고춧가루를 넣고 잘 섞어 준다.
2 고춧가루가 잘 퍼지면 다진 파와 마늘을 넣고 섞어 준다.
3 맛술을 넣고 소금과 참기름으로 마무리한다.

💡 TIP

국수장국을 먹을 때 달걀을 흰자와 노른자로 나누어 부친 지단과 소고기를 채썰어 양념하여 볶은 것을 고명으로 얹어 먹어도 좋다.

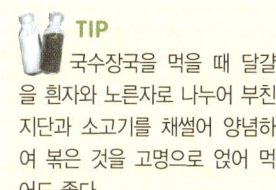

진간장 3큰술, 고춧가루 1큰술

다진 파 1큰술, 다진 마늘 1작은술

맛술 1작은술, 소금 약간, 참기름 1/2큰술

비빔국수

주재료(2인분)

소면 300g, 콩나물 100g, 오이 1/2개, 당근 1/2개, 붉은 양배추 1/4통

요리 만드는 법

1. 콩나물은 끓는 물에 소금을 약간 넣고 삶은 후 찬물에 헹궈 아삭하게 준비한다.
2. 오이와 당근은 깨끗이 씻어 가늘게 채썬다.
3. 붉은 양배추는 가늘게 채썬 뒤 찬물에 헹궈 둔다.
4. 소면은 끓는 물에 소금과 식용유를 약간씩 넣고 삶는다. 끓어오르면 찬물을 2차례 정도 붓고 삶아 찬물에 헹궈 체에 적당한 양으로 나누어 담아 물기를 뺀다(참기름과 간장을 약간씩 넣고 밑간을 해 두어도 좋다).
5. 그릇에 소면을 담고 준비한 야채를 보기 좋게 올려 담은 후 양념장을 곁들여 낸다.

소스(양념장) 만드는 법

1. 그릇에 고추장, 고춧가루, 국간장을 넣고 잘 섞는다.
2. 다음으로 설탕과 식초를 넣고 설탕이 녹도록 섞어 준다.
3. 잘 섞여지면 다진 파, 마늘을 넣고 참기름과 통깨를 넣어 잘 섞어 마무리한다.

TIP 비빔국수를 먹을 때 모시조개 콩나물국을 곁들여 먹으면 매운맛도 가시면서 더욱 개운하게 먹을 수 있다.

고추장 3큰술, 고춧가루 1작은술, 국간장 1/2작은술 　　설탕 3큰술, 식초 2큰술 　　다진 파 1/2큰술, 다진 마늘 1큰술, 참기름·통깨 1큰술씩

비빔냉면

 주재료(2인분)

냉면 400g, 소고기(양지머리) 200g, 대파 1대, 마늘 3쪽, 양파 1/2개, 오이 1개, 무 1토막, 배 1/2개, 삶은 달걀 2개, 설탕·소금·고춧가루 약간씩

요리 만드는 법

1. 냄비에 소고기가 잠길 정도의 물을 담고 대파, 마늘, 양파를 넣어 끓인다. 국물 맛이 충분히 우러나면 면보에 걸러 국물은 차게 식히고 소고기는 얇게 썰어 둔다.
2. 오이와 무는 비슷한 크기로 얇게 썬 후 설탕과 소금을 동량으로 넣어 살짝 절인다. 찬물에 헹구어 꼭 짠 후 고춧가루를 약간 넣어 버무려 둔다.
3. 삶은 달걀은 동글게 썰고 배는 오이와 비슷한 크기로 자른 후 색이 변하지 않도록 설탕물에 담가 둔다.
4. 면은 끓는 물에 소금을 약간 넣고 부드럽게 삶은 후 찬물에 비벼 씻어 체에 적당한 양으로 나누어 담아 물기를 뺀다.
5. 그릇에 면과 준비한 재료들을 올려 담고 육수를 자작하게 부은 후 양념장을 곁들여 낸다.

소스(양념장) 만드는 법

1. 그릇에 고춧가루와 육수를 넣고 잘 섞는다.
2. 1에 흑설탕, 식초를 넣어 섞고 배즙과 양파즙을 넣는다.
3. 국간장과 소금으로 부족한 간을 하고 다진 파와 마늘을 넣은 후 마지막으로 참기름과 깨소금을 넣는다.

TIP

함흥냉면과 평양냉면의 차이

함흥냉면은 감자나 고구마의 전분을 주원료로 하여 면이 가늘고 쫄깃하며 홍어회를 맵게 무쳐 꾸미로 올려 먹기도 하는 회냉면 비빔냉면의 식이다. 평양냉면은 주로 메밀로 면을 뽑으며 시원한 육수와 동치미 국물에 말아먹는 물냉면 식이다.

고춧가루 5큰술, 육수 4큰술

흑설탕·식초 3큰술씩

배즙 1큰술, 양파즙 2큰술

국간장 1/2작은술, 소금 2작은술

다진 파 2큰술, 다진 마늘 1큰술

참기름·깨소금 1큰술씩

물냉면

주재료(2인분)

젖은 냉면 300g, 육수 5컵, 동치미 국물 5컵, 무 1/4개, 오이 1/2개, 방울토마토 5개, 삶은 달걀 2개

요리 만드는 법

1. 무는 얇고 길게 채썰고 오이는 반을 갈라 얇게 썬 후 절임장에 각각 나른하게 절여 새콤달콤하게 준비한다.
2. 방울토마토는 반을 잘라 놓고 삶은 달걀은 4등분하여 놓는다.
3. 육수와 동치미 국물을 섞고 육수 맛내기로 기본간을 한 후 차게 식힌다.
4. 젖은 냉면은 끓는 물에 소금을 약간 넣고 삶은 후 찬물에 여러 번 비벼 씻어 체에 적당한 양으로 나누어 담아 물기를 뺀다.
5. 양푼에 삶은 냉면과 준비한 재료들을 올려 담고 육수를 붓는다. 냉면 양념장과 겨자, 설탕, 식초를 곁들여 낸다.

TIP

육수를 만들 때 처음 끓어오를 때까지는 뚜껑을 열어 놓고 끓이고, 끓으면서 뜨는 거품은 많이 걷어줘야 국물이 맑다. 약불에서 은근히 다려야 진한 육수가 되며, 더 맑은 국물을 원하면 깨끗한 면보에 한번 걸러주는 것이 좋다. 육수내기용 소고기는 약간 기름기가 있는 사태나 양지머리가 적당하며, 덩어리째 한시간 정도 찬물에 담가 핏물을 뺀 후 끓여야 누린내가 나질 않는다.

>> 무와 오이 절임장

물·식초 1/2컵씩 → 설탕 1/2컵, 소금 1큰술

>> 냉면 양념장

고춧가루 2큰술, 육수 1큰술 → 배즙(배즙 음료) 1큰술, 생강즙 1작은술

육수맛내기양념

국간장 1큰술, 식초·설탕 2큰술씩, 연겨자 1큰술, 소금 1/2작은술

메밀막국수

주재료(2인분)

메밀국수 300g, 익은 배추김치 1/4 포기, 무생채(p61 참조), 오이생채, 김 2장, 삶은 메추리알 5개, 설탕·통깨·참기름 1큰술씩, 소금 적당량

요리 만드는 법

1 끓는 물에 소금을 약간 넣고 메밀국수를 쫄깃하게 삶아 찬물에 여러 번 비벼 씻은 후 체에 적당한 양으로 나누어 물기를 뺀다.

2 익은 배추김치는 속을 약간 털어 내고 송송 썰어 김치국물을 꼭 짠 후 설탕, 통깨, 참기름을 넣고 양념해 둔다.

3 무와 오이는 손질한 후 생채로 준비한다. 김은 살짝 구워 비닐 봉투에 넣어 잘게 부숴 두고 삶은 메추리알은 반을 잘라 둔다.

4 그릇에 메밀국수를 담고 양념한 김치, 무생채, 오이생채, 김, 메추리알을 올린 후 막국수 국물을 자박하게 붓고 겨자를 곁들여 낸다.

소스(양념장) 만드는 법

>> 메밀막국수 국물

1 김치국물을 면보를 깐 체에 걸러 준비한다.

2 국간장을 넣어 약간 깊은 맛을 낸 후 설탕, 사과즙, 레몬즙을 넣어 새콤달콤하게 한다.

3 다진 실파와 마늘, 깨소금을 넣어 고루 섞어 마무리한다.

김치국물 3컵 → 국간장 1큰술, 설탕 3큰술, 사과즙 4큰술, 레몬즙 1큰술 → 다진 실파 3큰술, 다진 마늘 2큰술, 깨소금 1큰술

야채쫄면

요리 만드는 법

1. 콩나물은 깨끗이 씻어 끓는 물에 소금을 약간 넣고 삶은 후 바로 찬물에 헹궈 물기를 빼서 아삭하게 준비한다.

2. 메추리알은 반을 잘라 놓고 당근과 오이는 가늘게 채썰어 무순과 함께 찬물에 담궈 생생하게 한 후 먹기 직전에 건져 물기를 뺀다.

3. 냄비에 물이 끓으면 소금과 식용유를 약간씩 넣고 쫄면을 가닥가닥 떨어뜨려 삶는다. 찬물에 여러 번 주물러 씻어 미끈함을 없앤 후 체에 밭쳐 물기를 뺀다.

4. 접시에 쫄면과 준비한 콩나물, 당근, 오이를 보기 좋게 올려 담고 무순과 메추리알을 얹은 후 양념장과 함께 낸다.

주재료(2인분)

쫄면 300g, 콩나물 200g, 오이 1개, 당근 1/2개, 무순 100g, 삶은 메추리알 5개, 소금·식용유 약간씩

소스(양념장) 만드는 법

1. 양파는 큼직하게 잘라 믹서기에 물 2큰술을 넣고 곱게 간 후 고춧가루와 잘 섞어 준다.

2. 양파에 고춧가루가 퍼지면 고추장과 진간장을 넣고 섞는다.

3. 2에 식초, 설탕, 물엿을 넣어 새콤달콤한 맛을 낸 후 연겨자와 소금을 넣어 마무리한다.

TIP

간이 맞으면 소금은 넣지 않아도 되며 연겨자는 식성에 따라 가감한다. 좀 더 고소한 맛을 원하면 면을 비빌 때 깨소금과 참기름을 곁들인다.

갈은 양파 1/2컵, 고춧가루 2큰술

고추장 4큰술, 맛간장 1/2큰술 (p117 참조)

식초 6큰술, 물엿·설탕 2큰술씩

연겨자 1/2작은술, 소금 약간

칼국수

주재료(2인분)

밀가루 2컵, 신김치 1/4포기, 감자 1개, 호박 1/2개, 콩나물 100g, 신김치국물 1컵, 물 1컵, 멸치육수 7컵, 국간장 1큰술, 식용유 약간

요리 만드는 법

1. 밀가루는 체에 한 번 내리고 식용유를 약간 넣는다. 김치국물과 물을 넣고 반죽을 한 후 비닐봉투에 넣어 냉장고에서 숙성시킨다.

2. 김치는 속을 약간 털어 내고 송송 썬다. 감자와 호박은 납작하게 썰고 콩나물은 깨끗이 씻어 둔다.

3. 말랑해진 반죽을 꺼내어 밀가루를 약간 뿌려 얇게 민 뒤 고르게 채썰어 칼국수를 만든다.

4. 멸치육수에 국간장과 김치와 감자를 넣어 한소끔 끓인 후 칼국수를 넣어 쫄깃하게 익힌다.

5. 칼국수가 익으면 호박과 콩나물을 넣고 한소끔 끓인 후 그릇에 담아 양념장을 곁들여 낸다.

소스(양념장) 만드는 법

1. 홍고추는 꼭지를 떼고 굵게 썬 후 믹서에 물을 약간 넣고 곱게 간다.

2. 간장에 갈은 홍고추, 다진 파와 마늘을 넣고 잘 섞어 준다.

3. 청주를 넣어 재료들이 잘 어울리고 깔끔한 맛이 나도록 한 후 참기름으로 마무리한다.

진간장 3큰술, 갈은 홍고추 1큰술

다진 파 1큰술, 다진 마늘 1작은술

청주 1큰술, 참기름 1/2큰술

콩나물밥

주재료(2인분)

불린 쌀 2컵, 콩나물 200g,
소고기(불고깃감) 100g, 다진 마늘·
진간장·참기름 1/2큰술씩,
다진 파 1큰술, 소금·식용유 약간씩

요리 만드는 법

1 콩나물은 끓는 물에 소금을 약간 넣고 데쳐 찬물에 헹궈 두고 콩나물 삶은 물은 따로 받아 둔다.

2 소고기는 다진 파, 마늘, 진간장, 참기름, 소금을 넣고 양념하여 재워 두었다가 프라이팬에 볶는다.

3 냄비에 불린 쌀을 담고 콩나물 삶은 물을 쌀이 살짝 잠길 정도로 부어 밥을 짓는다.

4 쌀이 끓어오르면 데친 콩나물과 소고기를 넣고 뜸을 들인다.

5 콩나물밥이 완성되면 주걱으로 고루 잘 뒤적여 그릇에 담은 후 양념장을 곁들여 낸다.

소스(양념장) 만드는 법

1 청고추와 홍고추는 반을 갈라 씨를 털어낸 후 곱게 다진다.

2 실파는 손질한 후 송송 썰어 찬물에 한번 헹궈 물기를 뺀다.

3 진간장에 다진 고추와 실파를 넣고 고루 섞어 준다.

4 물엿을 넣어 양념장이 엉기면서 단맛이 나도록 한 후 참기름과 깨소금을 넣는다.

TIP
콩과 콩나물의 영양 차이
콩은 밭에서 나는 고기로 불릴 만큼 지방과 단백질의 함유량이 매우 높다. 이 콩이 콩나물로 자라면 지방과 단백질의 함유량은 낮아지지만 비타민A와 비타민C의 함유량이 높아지고 아스파라긴산과 섬유질 등 콩과는 다른 이로운 영양소를 함유하게 된다.

다진 청고추·홍고추·실파 1큰술씩 　진간장 3큰술 　물엿 1큰술, 참기름·깨소금 1/2큰술씩

나물비빔밥

주재료(2인분)

쌀 2컵, 도라지 100g, 호박 1/2개, 콩나물 150g, 애느타리버섯 100g, 오이 1/2개, 달걀 2개, 청주·소금·식용유 약간씩

요리 만드는 법

1. 쌀은 깨끗하게 씻어 30분 정도 불린 후 솥에 앉혀 청주를 약간 넣어 고슬고슬하게 밥을 짓는다.

2. 도라지는 소금으로 주물러 쓴맛을 없앤 후 찬물에 헹궈 둔다. 오이와 호박은 반달모양으로 썰어 소금에 절인 후 찬물에 헹궈 물기를 짜 둔다.

3. 느타리버섯과 콩나물은 끓는 물에 삶아 찬물에 헹군 뒤 물기를 빼 둔다.

4. 준비한 재료들을 각각 프라이팬에 식용유를 두르고 소금 간만 하여 볶은 후 식힌다.

5. 그릇에 밥을 퍼 담고 각각의 나물과 달걀후라이를 올린 후 참기름을 두르고 양념장을 곁들여 낸다.

TIP 비빔밥

한국의 대표적인 음식 비빔밥은 탄수화물이 많은 쌀과 다른 영양소가 골고루 어울릴 수 있어 혈당지수가 낮아지며, 현미나 보리 등 다른 곡류를 섞어 먹으면 더욱 효과적인 영양섭취를 할 수 있다. 여러 비빔밥이 있지만 나물비빔밥은 다이어트에도 도움이 된다.

소스(양념장) 만드는 법

1. 프라이팬에 식용유를 약간 두르고 다진 양파와 마늘을 달달 볶는다.

2. 볶던 재료에 물을 넣고 진간장과 고추장을 넣고 볶아 준다.

3. 고추장이 끓으면 설탕과 물엿을 넣고 윤기와 단맛을 낸 후 참기름과 깨소금을 넣는다.

 →  →

식용유 약간, 다진 양파·마늘 1큰술씩 　　물 2큰술, 진간장 1/2작은술, 고추장 3큰술 　　물엿·설탕·참기름 1큰술씩, 깨소금 1/2작은술

열무비빔밥

주재료(2인분)

불린 쌀 2컵, 불린 보리 1컵,
열무김치 1대접, 데친 콩나물 100g,
영양부추 1/4단, 무순 약간, 달걀 2개,
참기름·깨소금 약간씩

요리 만드는 법

1 냄비에 불린 쌀과 보리를 넣고 보통 밥물보다 약간 물을 더 넣고 밥을 짓는다.

2 열무김치는 송송 썰어 국물을 살짝 짠 후 참기름과 깨소금을 넣어 양념해 둔다.

3 영양부추는 흐르는 물에 살살 흔들어 씻은 후 짧게 잘라 놓고 무순은 찬물에 담가 둔다.

4 밥이 구수하게 지어지면 그릇에 넓게 퍼서 담는다. 열무김치, 콩나물, 영양부추를 올린 후 달걀후라이를 담고 무순을 살짝 올려 양념장을 곁들여 낸다.

TIP
열무에는 비타민C뿐만 아니라 비타민A도 풍부하게 함유되어 있다. 살짝 데친 후 된장으로 간을 맞추고 참기름을 넉넉히 넣어 무쳐 먹으면 비타민A를 효과적으로 섭취할 수 있어 여름철 무더위로 인해 입맛이 없고 피로할 때 제격이다.

소스(양념장) 만드는 법

1 고추장에 설탕을 넣고 잘 섞어 녹여 준다.

2 좀 더 감칠맛이 나도록 마요네즈를 넣고 매콤한 핫소스를 넣어 저어 준다.

3 다진 마늘과 깨소금으로 마무리한다.

고추장 2큰술, 설탕 1작은술   마요네즈·핫소스 1작은술씩   다진 마늘 1작은술, 깨소금 1/2작은술

무굴밥

🍴 주재료(2인분)

불린 쌀 2컵, 굴 200g, 무 1/4개, 무순 약간, 다시마(사방 10cm)

요리 만드는 법

1 무는 손질한 후 채썰어 두고 무순은 찬물에 담가 생생하게 준비한다.
2 굴은 껍데기를 골라 내고 옅은 소금물에 살살 흔들어 씻어 재빨리 건져 낸다.
3 냄비에 불린 쌀을 담고 물을 1컵 반 정도 붓는다. 마른 면보로 닦은 다시마와 채썬 무를 넣고 센불에서 끓인다.
4 끓어오르면 굴을 얹고 약불로 줄여 15분 정도 뜸을 들인다.
5 무굴밥이 완성되면 고루 살살 섞은 후 그릇에 담아 다시마는 채썰어 고명으로 올리고 무순을 살짝 올려 양념장과 함께 낸다.

소스(양념장) 만드는 법

1 진간장에 국간장과 고춧가루를 넣고 섞는다.
2 다진 달래나 실파와 마늘을 넣고 고루 뒤적인다.
3 청주를 넣고 참기름과 통깨로 고소한 맛을 더한 후 후춧가루를 약간 넣어 마무리한다.

TIP

무순에는 어린 싹의 성장에 필요한 영양소가 다량 함유되어 있어 알팔파싹이나 브로콜리싹 등 다양한 새싹채소와 함께 생채비빔밥을 만들어 먹으면 고른 영양섭취와 함께 신선한 야채의 맛을 느낄 수 있다.

진간장 4큰술, 국간장 1작은술, 고춧가루 1큰술

다진 달래 2큰술, 다진 마늘 1작은술
(다진 실파 2큰술)

청주·참기름 1큰술씩, 통깨 1작은술, 후춧가루 약간

회덮밥

주재료(2인분)

불린 쌀 2컵, 다시물 2+1/2컵, 냉동 붉은 참치살 200g, 붉은 양배추 50g, 양상추 100g, 치커리 100g, 무순 약간, 소금 약간

요리 만드는 법

1 냄비에 불린 쌀과 다시물을 담고 끓으면 약불로 줄여 고슬하게 밥을 짓는다.

2 냉동 붉은 참치살은 옅은 소금물에 녹인 후 주사위 모양으로 깍둑썰어 둔다.

3 치커리와 양상추는 손으로 잘게 찢어 두고, 붉은 양배추는 채 썰어서 찬물에 담가 생생하게 준비한다. 무순도 찬물에 담가 준비한다.

4 넓은 그릇에 약간 식힌 밥을 담고 준비한 참치살, 야채, 무순을 올린 후 양념장을 곁들여 낸다.

소스(양념장) 만드는 법

1 고추장에 설탕을 넣고 잘 섞어 준다.
2 새콤한 맛이 나도록 식초와 레몬즙을 넣고 섞는다.
3 연와사비를 넣고 고루 섞은 후 맛술과 통깨로 마무리한다.

고추장 4큰술, 설탕 2큰술 ➡ 식초 2큰술, 레몬즙 1큰술 ➡

연와사비 1/2작은술 ➡ 맛술·통깨 1큰술씩

TIP
레몬생즙 내기

레몬을 따뜻한 물에 3분 정도 담가 두었다가 손으로 굴려 말랑하게 한 후 반을 갈라 살살 비틀어 즙을 낸다.

간단유부초밥

주재료(2인분)

밥 2공기, 유부 10장, 멸치육수 1/2컵, 표고 불린 물 1/2컵, 다진 소고기 50g, 말린 표고버섯 2장, 당근 1/4개, 진간장 · 설탕 · 맛술 적당량씩, 참기름 · 식용유 · 검은깨 약간씩

요리 만드는 법

1 유부는 밀대로 살짝 밀어 납작하게 한 후 반을 가르고 뜨거운 물을 끼얹어 기름기를 뺀다. 멸치육수, 표고 불린 물, 간장 2큰술, 설탕 1큰술, 맛술 1큰술을 넣고 국물이 없어질 때까지 졸인다.

2 말린 표고버섯은 따뜻한 물에 불린 후 채썰어 다지고 다진 소고기는 핏물을 뺀 후 각각 간장, 설탕, 참기름을 약간씩 넣고 양념한 후 볶아 둔다.

3 당근은 채썰어 곱게 다져 프라이팬에 식용유를 두르고 소금을 약간 넣어 볶아 둔다.

4 따끈한 밥에 배합초를 주걱을 세워 살살 저어가며 섞어준 후 볶은 재료와 검은깨를 넣고 고루 섞어 유부에 꼭꼭 채워 넣는다.

소스(양념장) 만드는 법

>> **배합초**

1 냄비에 식초, 설탕, 소금을 분량대로 넣어 약불에서 끓이지 않고 저으면서 녹인다.

2 소금과 설탕이 완전히 녹으면 맛술과 다시물을 넣는다.

3 불을 끄고 레몬즙을 넣은 후 살짝 식혀서 사용한다.

TIP
유부를 굵게 썰어 된장찌개에 넣거나 샤브샤브를 먹을 때 야채와 함께 익혀 먹어도 좋다.

식초 6큰술, 설탕 3큰술, 소금 1작은술

맛술 1큰술, 다시물 2큰술

레몬즙 약간

굴전

 주재료(2인분)

굴 200g, 참기름 1큰술, 후춧가루 약간, 달걀 2개, 밀가루·식용유 적당량씩

요리 만드는 법

1 굴은 껍데기를 골라 내고 단물이 빠지지 않도록 옅은 소금물에 흔들어 씻어 재빨리 건져 낸다.

2 손질한 굴은 참기름과 후춧가루로 밑간을 한 후 밀가루를 고루 입히고 살짝 털어 낸다.

3 달걀을 잘 풀어준 후 밀가루를 입힌 굴을 크면 1개, 작으면 2개씩 달걀물에 담갔다가 프라이팬에 넣는다. 달걀물이 익을 정도로 앞뒤로 노릇하게 지진 후 접시에 담아 레몬소스와 곁들여 낸다.

소스(양념장) 만드는 법

>> 레몬 소스

1 냄비에 물과 설탕을 넣고 약불에서 녹인다.

2 올리브유를 넣고 섞어 준다.

3 식초, 레몬즙, 소금을 넣고 녹말물로 농도를 조절한 후 불을 끈다.

TIP 레몬의 구연산은 굴에 많이 함유되어 있는 철분과 만나면 흡수에 용이한 구연산 철분으로 변하기 때문에 굴과 레몬을 함께 먹으면 효과적인 영양 섭취를 할 수 있다.

 →  →  →

물 1/2컵, 설탕 3큰술 / 올리브유 2큰술 / 식초 2큰술, 레몬즙 1작은술 / 소금 약간, 녹말물 1큰술

생선살튀김

주재료(2인분)

대구살 300g, 밀가루 1컵, 녹말가루 1/2컵, 코코아가루 1큰술, 얼음물 1컵, 소금 · 후춧가루 약간씩, 식용유 적당량

요리 만드는 법

1. 대구살은 잔뼈를 발라 내어 소금과 후춧가루로 밑간을 한 후 종이타월로 물기를 없앤다.

2. 볼에 밀가루와 녹말가루를 동량으로 넣은 후 코코아가루를 섞는다. 얼음물을 붓고 나무젓가락으로 오래 휘젓지 말고 툭툭 끊어내듯 가볍게 섞어 튀김옷을 준비한다.

3. 대구살에 밀가루를 고르게 입히고 살짝 털어준 뒤 튀김옷을 입힌다. 튀김기름에 노릇하고 바삭하게 튀겨 소스와 곁들여 낸다.

소스(양념장) 만드는 법

>> **타르타르 소스**

마요네즈 6큰술, 다진 양파 · 피클 2큰술씩

삶은 달걀 (다진 흰자 · 노른자) 1큰술씩

파슬리찹 · 레몬즙 약간씩

소금 · 백후춧가루 약간씩

TIP
파슬리찹 만들기

1. 파슬리는 물에 흔들어 씻은 후 물기를 빼고 잎부분만 뜯어 곱게 다진다.

2. 다진 파슬리를 면보에 싸서 찬물에 헹구어 아린맛을 없앤다.

3. 넓은 그릇에 펴서 보송보송하게 건조시킨 후 사용한다.

2

3

해물파메밀전

주재료(2인분)

오징어 1마리, 조갯살 100g, 실파 1/2단, 양파 1/2개, 당근 1/2개, 밀가루 1컵, 메밀가루(시판용) 1컵, 물 2+1/2컵, 달걀 2개, 국간장·참기름·소금 약간씩, 식용유 적당량

요리 만드는 법

1. 오징어는 내장을 깨끗이 제거하고 소금으로 문질러 껍질을 벗겨낸 후 채썰고, 조갯살은 옅은 소금물에 살살 흔들어 재빨리 씻어 둔다.
2. 실파는 반으로 잘라 준비하고 양파와 당근은 채썬 후 국간장과 참기름을 약간씩 넣어 각각 밑간을 해 둔다.
3. 밀가루와 메밀가루는 체에 쳐서 고루 섞어준 후 물을 넣어 약간 묽게 반죽을 한다.
4. 프라이팬에 식용유를 넉넉히 두르고 반죽에 실파 한줌을 담갔다가 꺼내어 가지런히 놓은 후 준비한 해물을 골고루 올린다.
5. 양파와 당근을 올리고 달걀물을 끼얹어 뚜껑을 덮어 익힌다. 뒤집어 꾹꾹 눌러가며 노릇하게 익힌 후 양념장을 곁들여 낸다.

소스(양념장) 만드는 법

>> 무 양념장

맛간장 2큰술 (p117 참조)　　맛술·다시물·갈은 무 1큰술씩　　다진 실파 1작은술, 고춧가루 약간

TIP 반죽을 할 때 물 대신 멸치육수를 사용해도 한결 구수한 맛을 느낄 수 있다.

단호박전

 주재료(2인분)

단호박 1/2통, 애느타리버섯 200g, 빵가루 1컵, 달걀 2개, 파슬리찹(p37 참조)·소금·후춧가루·식용유 약간씩

요리 만드는 법

1 단호박은 속을 발라낸 후 단단한 껍질은 칼로 밀어내리듯 벗겨 강판에 곱게 갈아 준비한다.

2 느타리버섯은 끓는 물에 소금을 약간 넣고 살짝 데친 후 물기를 꼭 짜 둔다.

3 볼에 단호박과 애느타리버섯을 담은 후 달걀을 넣고 섞어 준다. 빵가루를 농도를 조절해가며 넣고 은은한 향의 파슬리찹을 넣은 후 소금과 후춧가루로 간을 한다.

4 달군 프라이팬에 식용유를 두르고 한 수저씩 떠 넣어 노릇하게 지져낸 후 양념장을 곁들여 낸다.

소스(양념장) 만드는 법

>> 간장 양념장

TIP
단호박전은 단맛이 강하므로 양념장에 설탕을 넣는 것은 피하는 것이 좋다.

 →  →

맛간장 2큰술, 식초 1큰술 (p117 참조)   후춧가루 약간   다시물 1큰술, 다진 마늘 1/2작은술

김치부침개

주재료(2인분)

익은 김치 1/4포기, 베이컨 10장, 밀가루 1컵, 튀김가루 1컵, 물 1컵, 김치국물 1컵, 소금·식용유·설탕·참기름 약간씩

요리 만드는 법

1. 익은 김치는 속을 털어 내고 송송 썰어 김치국물을 살짝 짠 후 설탕과 참기름으로 양념한다.
2. 베이컨은 굵게 채썰어 프라이팬에 기름을 두르지 않고 볶아 낸다.
3. 볼에 밀가루와 튀김가루를 잘 섞어 담은 후 물과 김치국물을 넣고 뭉치지 않도록 잘 풀어 준다.
4. 반죽에 양념한 김치와 볶은 베이컨을 넣고 잘 섞어준 후 소금으로 부족한 간을 한다.
5. 달군 프라이팬에 식용유를 두르고 한 장씩 얇고 바삭하게 지져 낸 후 양념장을 곁들여 낸다.

소스(양념장) 만드는 법

>> 간장 양념장

맛간장 2큰술, 다시물 1큰술 (p117 참조)   식초·물엿 1큰술씩   다진 실파 1/2큰술

TIP

김장김치를 여유가 있을 때 한 포기씩 포장하여 냉동실에 얼려 두었다가 여름철에 참치김치찌개를 끓여 먹으면 땀이 뻘뻘나며 더위 잊기에 제격이다.

호박전

요리 만드는 법

1 애호박은 홀쭉한 것으로 골라 동글고 얇게 썬 다음 소금을 약간 뿌려 살짝 절인 후 물기를 짠다.

2 다진 돼지고기는 소금, 후춧가루, 참기름을 약간씩 넣어 밑간을 한다.

3 두부는 면보에 싸서 물기를 꼭 짠 후 으깨고 양파와 당근은 곱게 다진다.

4 밑간한 돼지고기, 양파, 당근을 그릇에 담고 소금, 후춧가루, 깨소금, 다진 파와 마늘을 넣어 끈기가 생기도록 많이 치댄다.

5 절인 호박의 한쪽 면에 밀가루를 묻히고 양념한 돼지고기를 얇게 붙인 뒤 앞뒤로 밀가루를 입힌다. 달걀물을 씌워서 프라이팬에 기름을 두르고 앞뒤로 지져 낸다.

주재료(2인분)

애호박 1개, 다진 돼지고기 100g, 두부 1/4모, 양파 1/2개, 당근 1/4개, 달걀 2개, 깨소금 1큰술, 다진 파 1큰술, 다진 마늘 1작은술, 소금·밀가루·식용유 적당량씩, 후춧가루 약간

TIP

애호박은 비타민 A, C의 함유량이 높고 소화 촉진을 돕기 때문에 위궤양 환자에게 좋은 식품이다. 호박에 부족한 단백질을 돼지고기(소고기)로 보충한 호박전은 영양만점 요리이다.

소스(양념장) 만드는 법

>> 초간장 양념장

진간장 1큰술, 다시물 2큰술   양파즙 1큰술   레몬즙·다진 실파 약간씩

닭안심살버섯전

주재료(2인분)

애느타리버섯 200g, 닭안심살 200g, 홍고추 1개, 밀가루 1컵, 달걀 2개, 들깨가루 2큰술, 생강 1쪽, 진간장 1큰술, 소금·참기름·후춧가루 약간씩, 식용유 적당량

요리 만드는 법

1. 애느타리버섯은 끓는 물에 소금을 약간 넣고 데쳐 찬물에 헹군다. 적당히 찢어 물기를 살짝 짠 후 소금과 참기름으로 밑간해 둔다.

2. 닭가슴살은 생강과 간장을 넣고 푹 익힌 후 건져 내어 식으면 결대로 찢어 참기름과 후춧가루로 밑간해 둔다.

3. 홍고추는 반을 갈라 씨를 털어 내고 송송 썰어 준비한다.

4. 볼에 애느타리버섯과 닭가슴살, 다진 홍고추를 담고 밀가루를 뿌려 가볍게 버무린 후 풀어 놓은 달걀물과 들깨가루를 넣고 잘 섞어 준다.

5. 프라이팬에 식용유를 두르고 한입 크기로 놓은 후 앞뒤로 노릇하게 지져 내어 양념장을 곁들여 낸다.

소스(양념장) 만드는 법

>> 겨자 초간장 양념장

진간장 1큰술, 연겨자 1/2작은술

식초·설탕 1작은술씩

TIP
닭안심살은 닭가슴살의 안쪽 부위로 살이 연하고 담백하다. 고단백에 지방이 적어 칼로리 섭취를 줄이면서도 영양면에서는 손색이 없어 어린이의 영양 간식이나 다이어트식으로 적당하다.

고추장떡

 주재료(2인분)

밀가루 2컵, 고추장 2큰술, 물 2컵, 감자 1개, 풋고추 5개, 홍고추 2개, 깻잎 10장, 소금 약간, 식용유 적당량

요리 만드는 법

1 풋고추와 홍고추는 둥근 모양을 살려 얇게 썬 후 씨를 대충 털어 놓는다.

2 깻잎은 길이로 반을 갈라 채썰어 두고 감자는 껍질을 벗긴 후 강판에 갈아 준비한다.

3 큰 그릇에 밀가루, 고추장, 물을 넣고 잘 섞어준 후 체에 한번 내려 준다. 준비한 재료들을 넣고 잘 뒤적인 후 모자라는 간은 소금으로 한다.

4 프라이팬에 식용유를 약간만 두르고 한입 크기로 반죽을 떠 넣어 모양을 잡는다. 식용유를 넉넉히 넣어 바삭하고 쫄깃하게 지진 후 한김 식혀 접시에 담아 낸다.

소스(양념장) 만드는 법

>> 마요네즈 양념장

진간장·마요네즈 2큰술씩

레몬즙 약간, 올리고당 1작은술

다시물 1큰술

TIP
장떡은 뜨거울 때보다 식었을 때가 쫀득쫀득한게 맛이 더 좋다. 부친 후 한 장씩 식혀서 겹쳐 담아야 서로 달라붙지 않는다.

해물전골

요리 만드는 법

1 새우와 홍합은 깨끗이 씻어 냄비에 넣고 홍합이 벌어질 정도로 끓으면 국물을 면보에 밭쳐 거른다. 새우는 껍질을 벗기고 홍합은 찬물에 헹궈 준비한다.

2 오징어는 깨끗이 손질한 후 어슷하게 칼집을 넣고 한입 크기로 자른다. 미더덕은 소금물에 씻어 둔다.

3 표고버섯은 3등분하고 당면은 따뜻한 물에 불려 둔다.

4 두부는 도톰하게 자른 후 기름을 두르지 않고 약불에서 굽는다.

5 배추와 양파는 굵게 채썰고 미나리, 쑥갓, 팽이버섯은 길지 않게 자른다. 대파와 홍고추는 어슷하게 썰어 준비한다.

6 전골냄비에 재료들을 보기 좋게 돌려 담고 해물 삶은 물을 넉넉히 붓는다. 끓으면 생강, 마늘, 청주, 소금으로 간을 한 후 쑥갓을 올려 소스와 곁들여 낸다.

주재료(2인분)

새우 5마리, 홍합 10개, 오징어 1마리, 미더덕 200g, 표고버섯 3개, 당면 30g, 두부 1/4모, 배추 3장, 양파 1개, 미나리 100g, 쑥갓 50g, 팽이 버섯 1봉, 대파 1/2대, 홍고추 1개, 다진 마늘 1큰술, 다진 생강 1작은술, 청주 2큰술, 소금 약간

소스(양념장) 만드는 법

>> 매실 간장 소스

1 냄비에 진간장, 청주, 맛술, 매실 원액, 생강즙을 넣고 끓인다.
2 살짝 끓으면 녹말물을 넣어 농도를 조절한다.
3 와사비를 풀어 넣고 작은 접시에 덜어 사용한다.

TIP
시원한 해물전골 맛을 살리기 위해서는 우선 싱싱한 해물을 사용하고 끓을 때까지 뚜껑을 열어 해물의 비린내를 날려 버리는 것이 좋다. 국물은 넉넉히 하고 센불에서 끓이는 것이 좋으며, 해물의 맛을 제대로 느끼기 위해서 파와 마늘은 너무 많이 넣지 않는다.

진간장 4큰술, 청주·맛술·매실 원액 2큰술씩 　생강즙 1작은술 　녹말물 2큰술 　와사비 1큰술

소고기샤브샤브

주재료(2인분)

샤브샤브용 소고기 300g, 다시물 5컵, 배추 5장, 케일 5장, 당근 1/4개, 새송이버섯 3개, 느타리버섯 100g, 생표고버섯 3개, 불린 찹쌀 1/2컵, 소금 약간

요리 만드는 법

1. 배추와 케일은 연한 잎으로 준비해 먹기 좋은 크기로 자르고 당근은 납작하게 썬다.
2. 새송이버섯은 길이로 얇게 썰고 느타리버섯과 생표고버섯은 밑동을 잘라낸 후 모양대로 썬다.
3. 넓은 접시에 소고기와 준비한 버섯과 야채들을 각각 보기 좋게 돌려 담는다.
4. 바닥이 넓은 냄비에 다시물을 붓고 끓으면 준비한 재료를 조금씩 넣어 살짝 익혀 소스에 찍어 먹고 남은 국물에는 찹쌀죽을 쑤어 먹는다.

TIP 참깨 소스

1. 볶은 참깨는 믹서에 잘 갈리지 않으므로 손절구로 빻아 준다.
2. 준비된 양념을 모두 믹서기에 넣고 짧게 끊어서 3번 정도 간다.
3. 빻아 놓은 참깨를 갈은 재료와 잘 섞어서 소스 접시에 담아 낸다.

소스(양념장) 만드는 법

>> 땅콩 소스

 ➡  ➡

진간장·식초 2큰술씩   설탕 1/2작은술   땅콩 버터 3큰술

>> 참깨 소스

 ➡  ➡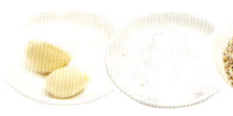

다시물 5큰술, 진간장 1큰술   맛술·식초·꿀 2큰술씩   마늘 2쪽, 소금 약간, 볶은 참깨 5큰술

해물버섯순두부국

 주재료(2인분)

순두부 400g, 모시조개 100g, 새우 5마리, 팽이버섯 1봉, 표고버섯 3개, 케일 2장, 느타리버섯 100g, 대파 1/2대, 다진 마늘 1작은술, 소금·청주 약간씩

요리 만드는 법

1. 냄비에 물을 붓고 모시조개를 넣어 끓여 국물은 면보를 깐 체에 거르고 모시조개는 찬물에 헹궈 놓는다.
2. 새우는 등쪽의 내장을 꼬치로 제거한 후 옅은 소금물에 깨끗이 씻어 준비한다.
3. 팽이버섯은 반을 자르고 표고버섯과 느타리버섯은 먹기 좋은 크기로 손질한다. 대파는 어슷썰어 준비하고 케일은 반을 잘라 굵게 썬다.
4. 순두부는 봉지째 칼로 가운데를 살짝 잘라 비닐 양끝을 가만히 눌러 나오게 한 후 두 번 더 잘라 부서지지 않게 준비한다.
5. 냄비에 모시조개 끓인 물을 담고 준비한 버섯을 넣은 후 모시조개와 새우를 담고 한소끔 끓으면 거품을 걷어 낸다. 순두부와 대파를 넣고 마늘, 소금, 청주로 간을 한다.

TIP
준비된 양념들을 잘 섞어 작은 접시에 버섯과 순두부를 덜어 담은 후 끼얹어 먹는다.

소스(양념장) 만드는 법

> **간장 양념장**

 →  →  →

맛간장 2큰술, 고춧가루 1작은술 (p117 참조) | 다진 파 1큰술, 다진 마늘 1작은술 | 물엿 약간 | 참기름·깨소금 1작은술씩

돼지갈비김치전골

주재료(2인분)

돼지갈비 400g, 익은 김치 1/4포기, 썰은 가래떡 50g, 두부 1/2모, 양파 1/2개, 미나리 1/4단, 양송이버섯 5개, 대파 1/2단, 다시물 적당량, 고춧가루·다진 마늘·된장 1큰술씩, 월계수잎 2장, 소금·후춧가루·청주·참기름 약간씩

요리 만드는 법

1. 돼지갈비는 작은 토막으로 준비하여 찬물에 담가 핏물을 뺀 후 월계수잎과 된장을 넣고 데쳐 잡냄새를 없애면서 약간의 간이 배도록 한다.

2. 김치는 푹 익은 것으로 준비하여 속을 털어낸 후 큼직하게 썰고 가래떡은 물에 담가 놓는다.

3. 두부와 양파는 도톰하게 썰고 미나리는 길지 않게 썰어 준비한다. 양송이버섯은 모양대로 썰고 대파는 어슷 썬다.

4. 전골냄비에 참기름을 두르고 김치를 달달 볶다가 돼지갈비와 다시물 3컵을 붓고 고춧가루와 다진 마늘을 넣고 한소끔 끓여 준다.

5. 국물이 졸면서 돼지갈비가 푹 익으면 가운데로 몰아놓고 나머지 재료를 돌려 담은 후 다시물을 넉넉히 붓고 끓이다가 소금, 후춧가루, 청주로 간을 맞춘다.

소스(양념장) 만드는 법

>> 와사비 간장 소스

TIP
더욱 매콤한 와사비장을 원하면 시판용 와사비가루와 찬물을 동량으로 넣고 개어서 사용한다.

 →  →

진간장 2큰술, 와사비 1작은술   다시물·식초 1큰술씩   설탕 약간

봄동무침

주재료(2인분)

봄동 300g, 달래 100g, 꽃소금 1/2컵

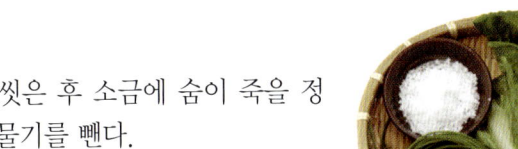

요리 만드는 법

1. 봄동은 밑동을 잘라 내어 깨끗이 씻은 후 소금에 숨이 죽을 정도로만 살짝 절여 찬물에 헹군 후 물기를 뺀다.

2. 달래는 수염뿌리를 다듬어 씻은 후 물기를 빼서 3cm 정도의 길이로 잘라 둔다.

3. 양념들을 섞어 무침 양념장을 준비한다.

4. 봄동과 달래를 한데 넣고 무침 양념장을 넣은 후 버무려 접시에 담아 낸다.

소스(양념장) 만드는 법

고춧가루 3큰술, 까나리액젓 1큰술

소금 1/2작은술, 생강즙 1작은술

다진 파 1큰술, 다진 마늘 1/2큰술

콩가루 1큰술, 설탕 1큰술

참기름 1작은술

TIP

대표적 봄나물 중의 하나인 봄동은 비타민과 칼슘 등 영양소를 풍부하게 함유하고 있어 겨우내 움츠렸던 체내의 신진대사를 원활하게 해 준다.

두가지 양념의 무생채

주재료 (2인분)
무 150g, 고춧가루 1작은술

소스(양념장) 만드는 법

▶▶ 고추양념 무생채

1 무는 껍질째 깨끗이 씻어 반을 가른 후 얇게 썰어 준비한다.

2 양념장을 준비한다.

3 얇게 썬 무에 고춧가루를 조금 넣어 고춧물을 들인 후 준비한 양념장을 넣고 조물조물 무쳐 접시에 담아 낸다.

고춧가루 · 설탕 · 식초 2큰술씩

다진 파 1작은술, 다진 마늘 1/2작은술, 소금 약간

참기름 · 통깨 약간씩

▶▶ 와사비양념 무생채

1 무는 껍질째 깨끗이 씻어 얇게 썬 후 가늘게 채썬다.

2 채썬 무는 설탕을 넣어 버무려 절인 후 손으로 살짝 짠다.

3 와사비양념장을 준비한다.

4 먹기 직전에 준비한 양념장과 무를 한데 넣고 살살 버무려 접시에 담아 낸다.

연와사비 1큰술

식초 2큰술, 설탕 1큰술, 소금 약간

검은깨 약간

애호박새우젓무침

주재료(2인분)

애호박 1/2개

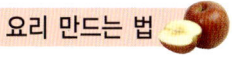
요리 만드는 법

1. 애호박은 얇고 동그랗게 썬다. 프라이팬에 기름을 두르지 않고 약불에서 수분이 날라갈 정도로 구워 준다.
2. 무침 양념장을 준비한다.
3. 쫄깃하게 구워진 호박에 양념장을 고루 섞어 무친 후 접시에 담아 낸다.

TIP
호박은 새우젓의 비린 맛을 흡수하며, 새우젓은 호박의 단맛과 감칠맛을 더해준다. 달걀찜에 새우젓을 넣으면 달걀의 비린내를 없애주며 달걀의 고소한 맛이 더해진다.

소스(양념장) 만드는 법

▶ 준비양념 1

다진 새우젓 1큰술, 고춧가루 약간   다진 파 1/2큰술, 다진 마늘 1/2작은술   참기름 · 깨소금 약간씩

▶ 준비양념 2

국간장 · 새우젓 국물 1작은술씩   다진 풋고추 · 홍고추 1/2큰술씩   다진 마늘 1/2작은술, 참기름 · 깨소금 약간씩

가지와 새송이버섯무침

요리 만드는 법

1. 가지와 새송이버섯은 모양대로 얇게 썰어 놓는다.
2. 프라이팬에 기름을 두르지 않고 가지와 새송이버섯을 약불에서 수분이 날라가며 쫄깃해지도록 앞뒤로 구워 준다.
3. 무침 양념장을 준비한다.
4. 준비한 양념장에 한김 식힌 구운 가지와 새송이버섯을 조물조물 무쳐 접시에 담아 낸다

주재료(2인분)

가지 1개, 새송이버섯 3개,
소금·후춧가루 약간씩

TIP
가지는 기름을 잘 흡수하는 성질을 가지고 있으므로 살짝 구워 참기름과 같은 식물성 기름에 무치면 열량 공급과 소화흡수에 도움이 된다.

소스(양념장) 만드는 법

>> **가지 양념장**

 ➡  ➡  ➡

맛간장 1큰술, 고춧가루 1작은술 (p117 참조) | 다진 파 1작은술, 다진 마늘 1/2작은술 | 레몬즙 1작은술 | 참기름 1큰술, 깨소금 약간

>> **새송이버섯 양념장**

 ➡  ➡

굴소스 1큰술 | 국간장·설탕 1/2작은술씩 | 다진 파 1작은술, 다진 마늘 1/2작은술, 깨소금 약간

돌나물무침

요리 만드는 법

1. 돌나물은 잡티를 골라 내고 옅은 소금물에 잠시 담갔다가 살살 흔들어 씻은 후 바로 체에 밭쳐 물기를 쪽 뺀다.
2. 영양부추는 다듬어 씻은 후 물기를 없애고 3cm 길이로 썬다.
3. 무침 양념장을 준비한다.
4. 접시에 손질한 돌나물과 영양부추를 젓가락으로 살살 섞어 담은 후 상에 내기 직전에 양념장을 끼얹어 낸다.

>> 양념장

고추장·사과즙 3큰술씩

식초·설탕 1큰술씩, 통깨 1작은술

주재료(2인분)

돌나물 300g, 영양부추 100g, 소금 1작은술

TIP
돌나물은 손을 많이 대면 풋내가 나므로 주의한다.

씀바귀무침

 주재료(2인분)

씀바귀 뿌리 300g, 달래 100g,
소금 1작은술

 요리 만드는 법

1 씀바귀 뿌리는 깨끗하게 다듬어 씻은 후 소금을 넣고 살짝 데친다. 찬물에 헹궈 물기를 꼭 짠 후 먹기 좋은 크기로 자른다.

2 달래는 깔끔하게 다듬은 후 찬물에 씻어 짧게 썰어 놓는다.

3 무침 양념장을 준비한다.

4 버무릴 그릇에 씀바귀와 달래를 담고 준비한 양념장을 넣어 맛있게 무쳐 접시에 담아 낸다.

 **양념장**

고추장 3큰술, 고춧가루 1작은술, 설탕 2큰술   식초 2큰술, 다진 파 1큰술   다진 마늘 1/2큰술, 통깨 1큰술

 TIP
쓴맛을 제대로 즐기려면 데친 후 바로 무치고, 쓴맛을 약하게 즐기려면 데친 후 반나절 정도 찬물에 담가 놓는다.

두릅회

요리 만드는 법

1 두릅은 너무 크지 않으며 통통한 것으로 골라 밑동을 자른다. 끓는 물에 소금을 약간 넣고 밑동부터 넣어 파랗게 데쳐 낸다.

2 데쳐낸 두릅은 까슬까슬한 껍질을 벗겨 내고 얼음물에 담갔다가 물기를 꼭 짠 후 참기름을 약간 넣고 버무려 접시에 가지런히 담는다.

3 양념장을 만들어 준비한 두릅에 곁들여 먹는다.

〉 양념장

 →

고추장·식초 2큰술씩　　과일즙 3큰술, 설탕 1큰술, 통깨 1작은술

주재료(2인분)

두릅 200g, 소금 1작은술, 참기름 1큰술

TIP
두릅은 4월 초에서 5월말까지가 제철이며 이 때가 가장 연하고 맛있다.

냉이무침

주재료(2인분)

냉이 200g, 소금 적당량

요리 만드는 법

1 냉이는 작은 것으로 골라 깨끗이 다듬는다.

2 끓는 물에 소금을 넣고 다듬은 냉이를 재빨리 데쳐 찬물에 여러 번 헹군 후 물기를 꼭 짜 둔다.

3 무침 양념장을 준비한다.

4 데친 냉이에 양념장을 넣고 골고루 조물조물 버무려 접시에 담아 낸다.

>> 양념장

고추장 1+1/2큰술, 된장 1작은술 　 마요네즈·국간장 1작은술씩 　 설탕 1/2큰술, 다진 파·깨소금 1작은술, 다진 마늘 1/2작은술 　 레몬즙 1/2큰술

깻잎무침

🌰 요리 만드는 법

1. 깻잎은 흐르는 물에 씻어 체에 밭쳐 물기를 빼 놓는다.
2. 끓는 물에 소금을 약간 넣고 깻잎을 넣자마자 바로 꺼내어 찬물에 헹궈 물기를 쏙 빼 둔다.
3. 무침 양념장을 준비한다.
4. 데친 깻잎에 양념장을 넣고 재빨리 무친 다음 접시에 담아 낸다.

주재료(2인분)

깻잎 5묶음, 소금 약간

▶ 양념장

미소된장 1큰술, 고춧가루 1/2큰술   다진 마늘 1작은술, 참기름·통깨 약간씩   식초 1작은술, 물엿 1/2큰술

단무지무침

주재료(2인분)

단무지 200g

요리 만드는 법

1 단무지는 가늘게 채썰어 물에 한번 헹군 후 물기를 꼭 짠다.

2 무침 양념장을 준비한다.

3 준비한 단무지에 양념장을 넣어 조물조물 맛있게 무친 후 접시에 담아 낸다.

▶ 양념장

고춧가루 2큰술, 국간장 1작은술 → 다진 실파 1큰술, 다진 마늘 1작은술 → 설탕 1/2큰술, 참기름 1작은술, 깨소금 약간 → 레몬즙 약간

굴야채무침

요리 만드는 법

1. 굴은 껍데기를 골라 내고 옅은 소금물에 흔들어 씻은 후 물기를 빼서 소금을 약간 뿌려 절여 둔다.
2. 무는 작은 네모로 얇게 썰어 소금과 설탕을 반반씩 약간만 넣어 살짝 절인 뒤, 찬물에 헹궈 살짝 짜서 준비한다.
3. 대파와 마늘은 짧고 가늘게 채썰고 양념장을 준비한다.
4. 재료들을 한데 넣고 살살 버무린 후 접시에 담아 낸다.

주재료(2인분)

굴 2컵, 무 50g, 대파 1/4대, 마늘 1쪽, 소금·설탕 적당량씩

▶ 양념장

고춧가루 3큰술, 설탕 1/2작은술 → 생강즙 1작은술, 참기름 1/2큰술, 통깨 1/2작은술, 소금 약간 → 레몬즙 약간

마늘종무침

 주재료(2인분)

마늘종 1/2단, 잔멸치 100g,
소금 1작은술

 요리 만드는 법

1 마늘종은 4cm 길이로 자른 다음 깨끗이 씻는다. 끓는 물에 소금을 넣어 파랗게 데친 후 찬물에 헹궈 체에 건져 놓는다.

2 잔멸치는 프라이팬에 기름을 두르지 않고 약불에서 살짝 볶아 놓는다.

3 양념장을 준비한다.

4 물기를 말끔히 뺀 마늘종과 멸치를 한데 넣어 준비한 양념장을 넣고 버무려 접시에 담아 낸다.

 **양념장**

고추장 2큰술, 고춧가루 1작은술   흑설탕 2큰술, 참기름 1큰술   멸치액젓 1작은술, 맛술 1큰술   통깨 1작은술

미삼무침

요리 만드는 법

1. 미삼은 흙을 털어 내고 깨끗이 씻은 후 체에 밭쳐 물기를 뺀다.
2. 대추는 따뜻한 물에 불린 후 씨를 중심으로 한번에 돌려 깎아 씨는 발라 내고 대추살만 채썰어 준비한다.
3. 양념장을 준비하여 미삼과 대추를 넣고 먹음직스럽게 버무려 접시에 담아 낸다.

주재료(2인분)

미삼 200g, 대추 2개

> 양념장

고추장 2큰술, 고춧가루 1작은술 　 꿀 2큰술, 식초 1큰술 　 다진 잣 1큰술, 검은깨 1작은술

TIP
미삼은 인삼의 잔뿌리를 말한다.

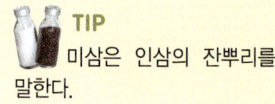

쑥갓무침

 주재료(2인분)

쑥갓 1/2단, 소금 1작은술

 요리 만드는 법

1. 쑥갓은 억센 줄기 부분은 잘라 내고 연하게 다듬는다. 끓는 물에 소금을 넣고 살짝 데친 후 찬물에 헹궈 물기를 짜 놓는다.

2. 무침 양념장을 준비한다.

3. 데친 쑥갓에 준비한 양념장으로 먹기 직전에 버무려 접시에 담아 낸다.

 **양념장**

진간장 1큰술, 국간장 1작은술 　　들깨가루 3큰술, 들기름 1큰술 　　다진 파 1큰술, 다진 마늘 1작은술

TIP

쑥갓의 독특한 향기는 위 운동을 활발히 하게 하여 소화를 돕고 가래, 기침에도 효과가 있다. 따뜻한 성질을 갖고 있으므로 몸이 찬 사람이 먹으면 좋은 채소이다.

도라지오이생채

요리 만드는 법

1 오이는 소금으로 문질러 깨끗이 씻은 후 반으로 갈라 반달모양으로 썬다. 소금에 절인 후 물기를 살짝 짜 놓는다.

2 도라지는 소금을 넣고 바락바락 문질러 씻어 아린맛을 없앤 후 찬물에 헹궈 물기를 짜 둔다.

3 양념장을 준비하여 손질한 오이와 도라지에 버무린 후 접시에 담아 낸다.

주재료(2인분)

오이 1개, 도라지 150g, 소금 적당량

>> 양념장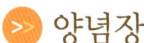

고추장 2큰술, 고춧가루 1큰술

식초 2큰술, 설탕 1큰술

다진 파 1/2큰술, 다진 마늘 1작은술, 깨소금 약간

노각생채

주재료(2인분)
노각(늙은 오이) 1개, 소금 1큰술

요리 만드는 법

1. 노각은 껍질을 필러를 사용하여 벗긴 후 도톰하게 채썬다. 소금에 살짝 절인 뒤 물기를 가능한한 꼭 짜 준다.
2. 양념장을 준비한다.
3. 노각에 준비한 양념장을 넣고 골고루 조물조물 버무린 후 접시에 담아 낸다.

TIP 물기를 꼭 짜야 아삭아삭 씹히는 맛이 더하다.

양념장

 →  →  →

고추장 2큰술, 고춧가루 1큰술 / 식초·설탕 3큰술씩 / 다진 파 1큰술, 다진 마늘 1/2큰술 / 깨소금 약간, 참기름 1/2작은술

Part 2

상황별 소스

소스를 그때그때 다양하게 사용함으로써 소스와 밥 한 그릇만으로도 한끼의 식단을 마련할 수 있다.
여러 가지 소스를 이용하여 항상 먹던 샐러드를 영양만점의 한끼 식사로, 즐겨먹던 돼지고기도 더욱 푸짐하고 맛있게 즐겨 보자.

닭안심버섯덮밥

 주재료(2인분)

닭안심살 150g, 양송이버섯 5개, 느타리버섯 100g, 소금·후춧가루·식초 약간씩

요리 만드는 법

1. 닭안심살은 소금, 후춧가루로 밑간을 한 후 끓는 물에 식초를 넣고 살짝 데쳐 한입 크기로 잘라 놓는다.
2. 양송이버섯은 밑동을 잘라낸 후 모양대로 도톰하게 썰고, 느타리버섯은 너무 크면 반을 찢어 놓는다.
3. 냄비에 데리야끼 소스를 담고 준비한 닭안심살을 넣어 졸이다가 국물이 자박자박해지면서 닭안심살에 간이 배면 준비해 둔 버섯들을 넣고 한소끔 끓여 완성시킨다.

소스(양념장) 만드는 법

▶▶ 닭조림용 데리야끼 소스

1. 냄비에 분량의 양념을 넣고 끓인다.
2. 기포가 생기면서 바글바글 끓으면 약불로 줄이고, 국물이 약간 걸쭉해지면 마무리로 레몬 한 조각을 넣고 불을 끈다.

 준비양념

가다랭이포 육수 1컵, 진간장 4큰술, 청주 4큰술, 생강즙 1작은술, 설탕 2큰술, 레몬 1조각

TIP
데리야끼 소스에 소고기를 등심으로 준비해 소금과 후춧가루로 밑간을 한 후 졸여 먹어도 맛이 좋다.

돈육등심파인애플덮밥

요리 만드는 법

주재료(2인분)

돼지고기 등심 300g, 소금·후춧가루 약간씩, 식용유 적당량

1. 돼지고기 등심은 연육 망치나 칼로 두드려 육질을 연하게 한 후 소금과 후춧가루를 약간씩 뿌려 밑간을 한다.
2. 프라이팬에 식용유를 두르고 돼지고기를 지진 후 가위로 네모지게 잘라 소스에 넣어 고루 뒤적이며 한소끔 끓인다.

소스 만드는 법

>> 파인애플 소스

준비재료 및 양념

통조림 파인애플 3쪽, 청경채 3포기, 청피망·홍피망 1/2개씩, 양파 1/4개, 마늘 2쪽, 파인애플 국물 1컵, 물 1컵, 식초·흑설탕 2큰술씩, 소금 1/2작은술, 녹말물 2큰술, 식용유 약간

1. 파인애플은 굵직하게 자르고 청경채는 밑동을 자른 후 깨끗이 씻어 2등분해 둔다.
2. 청피망과 홍피망은 큼직하게 자르고 양파도 피망 크기로 자른다. 마늘은 납작하게 썰어 준비한다.
3. 오목한 프라이팬에 식용유를 두르고 양파, 마늘, 청피망, 홍피망, 청경채 순으로 넣어 볶다가 파인애플 국물과 물을 넣고 끓인다.
4. 한소끔 끓으면 식초, 흑설탕, 소금으로 간을 한 후 녹말물을 넣어 농도를 조절하여 완성한다.

해물덮밥

준비재료(2인분)

오징어 1마리, 냉동 해삼 100g, 조갯살 100g, 칵테일 새우 100g, 청경채 3뿌리, 통조림 베이비콘 1/2컵, 통조림 죽순 1개, 마늘 2쪽, 생강 1쪽

요리 만드는 법

1. 오징어는 손질한 후 끓는 물에 통째로 넣고 삶아 동글게 썰고, 냉동 해삼은 해동시켜 납작하게 썬다. 조갯살과 칵테일 새우는 손질한 후 끓는 물에 데쳐 물기를 뺀다.

2. 청경채는 반으로 자르고 베이비콘과 죽순은 모양을 살려 썰어 체에 올려 뜨거운 물을 끼얹은 후 물기를 뺀다. 마늘과 생강은 채썬다.

3. 오목한 프라이팬에 고추기름을 넉넉히 두르고 채썬 마늘과 생강을 넣고 볶는다.

4. 마늘향이 돌면 해물, 베이비콘, 죽순 순으로 넣어 재빨리 볶다가 육수를 자작하게 붓고 끓인다.

5. 육수가 끓으면 굴소스, 두반장, 설탕을 넣어 간을 하고 청주로 깔끔한 맛을 낸다. 녹말물을 넣어 걸쭉하게 되면 청경채를 넣고 참기름과 통깨로 마무리한다.

소스(양념장) 만드는 법

 덮밥 양념

고추기름 3큰술, 굴소스 1큰술, 육수 2컵
(p119 참조)

두반장 2큰술, 설탕 1/2큰술

청주 2큰술

녹말물 3큰술, 참기름 · 통깨 1큰술씩

우엉소고기잡채덮밥

준비재료(2인분)

소고기(불고깃감) 200g, 새송이버섯 3개, 우엉 1/4대, 풋고추 3개, 당면 100g, 진간장·설탕·후춧가루·참기름 약간씩, 식용유 적당량

요리 만드는 법

1 소고기는 채썰고 새송이버섯은 모양대로 얇고 길게 썬다.

2 우엉은 껍질을 벗겨 채썰고 풋고추는 반을 갈라 씨를 빼낸 후 채썬다. 당면은 물에 담가 불린 후 먹기 좋은 크기로 자른다.

3 채썬 소고기는 간장, 설탕, 후춧가루, 참기름을 약간씩 넣어 밑간을 한 후 볶아 놓고, 풋고추도 살짝 볶아 준비한다.

4 프라이팬에 식용유를 두르고 우엉을 볶다가 분량의 우엉조림 양념을 넣어 국물이 없어지도록 바짝 윤기나게 졸인다.

5 냄비에 육수, 진간장, 흑설탕을 넣고 끓으면 불린 당면을 넣고 익힌다.

6 당면이 익으면 볶아 놓은 재료와 새송이버섯을 넣고 볶다가 다진 마늘과 소금을 넣은 뒤 후춧가루, 참기름, 깨소금을 넣는다.

소스(양념장) 만드는 법

>> 덮밥 양념

육수 3컵, 진간장 5큰술

흑설탕 5큰술, 다진 마늘 1큰술, 소금 약간

후춧가루 약간, 참기름·깨소금 1큰술씩

우엉조림양념

물 1/2컵, 진간장 2큰술, 흑설탕 2큰술, 맛술 1큰술, 식용유 적당량

해시라이스

준비재료(2인분)

소고기 200g, 양파 2개, 당근 1/2개, 감자 2개, 소금 약간, 후춧가루 약간, 토마토 2개, 버터 2큰술, 육수 4컵, 생크림 3큰술, 파슬리찹 약간

요리 만드는 법

1 소고기는 깍둑썬 후 소금, 후춧가루를 약간씩 뿌려 밑간해 둔다.

2 양파, 당근, 감자는 소고기와 비슷한 크기로 깍둑썬다.

3 프라이팬에 버터를 녹인 후 양파, 당근, 감자, 소고기 순으로 각각 살짝 볶아 준다.

4 토마토는 윗부분에 십자로 칼집을 낸 후 끓는 물에 소금을 약간 넣고 살짝 데친다. 찬물에 헹군 후 껍질을 벗기고 굵게 다져 놓는다.

5 냄비에 육수를 붓고 끓어 오르면 볶아 놓은 재료들을 넣는다.

6 한소끔 끓으면 다진 토마토를 넣고 브라운 소스를 넣어 농도를 조절한 후 나머지 양념들을 넣어 맛을 낸다.

소스(양념장) 만드는 법

>> 브라운 소스

준비양념

버터 2큰술, 밀가루 2큰술

1 프라이팬에 버터를 녹인 후 밀가루를 넣고 뭉치지 않고 잘 섞이도록 약불에서 계속 저어 준다.

2 밀가루와 버터가 잘 섞이면서 갈색의 브라운 소스가 완성되면 접시에 옮겨 담아 식힌다.

야채카레라이스

 준비재료(2인분)

감자 2개, 당근 1/2개, 양파 1개,
사과 1개, 완두콩 100g, 버터 2큰술,
소금·후춧가루 약간씩

요리 만드는 법

1 감자, 당근, 양파는 껍질을 벗겨 깨끗이 씻은 후 주사위 모양으로 썰어 준비한다.

2 완두콩은 씻어 물기를 빼 두고, 사과는 씻은 후 씨를 발라내고 껍질째 네모지게 썰어 준비한다.

3 냄비에 버터를 녹인 후 단단한 감자와 당근을 먼저 넣고 볶다가 완두콩을 넣고 볶아 준다.

4 재료가 살짝 익으면 양파를 넣고 잠시 볶다가 물 2컵을 붓고 한소끔 끓인다.

5 한소끔 끓으면 물을 1컵 더 넣어준 후 카레물을 넣고 저어가며 익혀 주다가 사과를 넣고 소금과 후춧가루로 간을 한다.

TIP
카레가 너무 짜면 케첩을 1큰술 정도 넣어 주고 너무 달 경우에는 레몬즙이나 마늘즙을 약간 넣어 준다.

소스 만드는 법

 카레물

 그릇에 카레가루를 넣은 후 우유와 요구르트를 섞어 잘 풀어준다.

 준비양념

시판용 카레가루(매운맛) 1봉,
우유 1/2컵, 요구르트 1개

91

닭고기자장라이스

준비재료(2인분)

닭안심살 200g, 감자 2개, 당근 1/2개, 호박 1/2개, 양배추 10장, 육수 5컵, 다진 마늘 1작은술, 다진 실파 1큰술, 설탕 1/2큰술, 녹말물 2큰술, 참기름·깨소금 1큰술씩, 식용유 약간

요리 만드는 법

1 닭안심살은 너무 두꺼우면 포를 뜬 후 깍둑모양으로 썰어 소금과 후춧가루를 약간 뿌려 밑간해 둔다.

2 감자, 당근, 호박, 양배추는 깨끗이 씻은 후 작은 네모 모양으로 잘라 둔다.

3 냄비에 식용유를 두르고 닭안심살을 볶다가 감자와 당근을 볶고 호박과 양배추를 볶다가 육수를 붓고 한소끔 끓인다.

4 한소끔 끓으면 볶은 춘장을 넣고 잘 섞는다. 충분히 익으면 나머지 양념들을 넣어 간을 맞춘 후 녹말물을 넣어 먹음직스럽게 마무리한다.

TIP
녹말물 만들기

녹말가루와 물을 동량으로 넣고 잘 풀어준 후 농도를 조절해 가며 사용하고 되직하게 사용하려면 섞은 후 잠시 가라앉혀 윗물을 따라내고 앙금만 사용한다.

소스(양념장) 만드는 법

프라이팬에 버터를 녹인 후 춘장을 달달 볶아 그릇에 덜어 놓는다.

준비양념

시판용 춘장 1봉, 버터 2큰술

케이준샐러드

요리 만드는 법

1. 닭안심살은 짧은 막대기 모양으로 썬 후 허브소금을 약간 뿌려 밑간해 둔다.
2. 오렌지는 세로로 8등분한 후 껍질을 벗기고, 사과는 껍질째 길고 납작하게 썰어 둔다.
3. 양상추와 로메인은 한입 크기로 뜯어 얼음물에 담궈 두고 래디시는 동글게 썰어 둔다. 베이컨은 굵게 다져 프라이팬에 기름을 두르지 않고 볶는다.
4. 빵가루와 파르메산치즈 가루, 파슬리찹을 고루 섞어 빵가루옷을 준비한다.
5. 닭안심살에 녹말가루와 밀가루를 섞어 고루 버무린 후 달걀물을 씌우고 빵가루옷을 입혀 175℃ 정도의 튀김기름에 튀긴다.

소스(양념장) 만드는 법

1. 다진 양파와 다진 셀러리는 프라이팬에 올리브유를 두르고 각각 살짝 볶은 후 식혀 준다.
2. 마요네즈와 연겨자를 잘 풀어준 후 꿀과 식초를 넣는다.
3. 볶은 양파, 셀러리와 다진 피클을 넣고 소금과 흰후춧가루로 부족한 간을 맞춘다.

주재료(2인분)

닭안심살 200g, 오렌지 1개, 사과 1/2개, 양상추 3장, 로메인 5장, 래디시 3개, 베이컨 5장, 허브소금 약간, 빵가루 1컵, 파르메산치즈 1큰술, 파슬리찹 1작은술, 녹말가루·밀가루 1/2컵씩, 달걀 2개, 튀김 기름 적당량

TIP

샐러드에 많이 사용되는 로메인은 상추의 일종으로 비타민C, 칼륨, 칼슘, 인의 함유량이 높아 피부를 더욱 윤택하게 해 주고 잇몸을 건강하게 해 준다. 아삭아삭하고 쌉싸름한 맛이 나며 붉은색이 도는 로메인도 있다.

올리브유 약간, 다진 양파·셀러리 1큰술씩

마요네즈 7큰술, 연겨자 1/2큰술

꿀·식초 3큰술씩

다진 피클 1/2큰술, 소금·흰후춧가루 약간씩

또띠야샐러드

주재료(2인분)

또띠야 5장, 소고기(불고깃감) 200g, 양파 1/2개, 셀러리 1대, 양상추 5장, 무순 100g, 슬라이스치즈 4장, 파르메산치즈 1큰술, 버터 1큰술, 소금·후춧가루 약간씩

요리 만드는 법

1 소고기는 종이 타월로 꼭 눌러 핏물을 없앤 후 가늘게 채썰고 양파와 셀러리도 채썰어 준비한다.

2 양상추는 곱게 채썰어 무순과 함께 찬물에 담궈 둔다.

3 슬라이스치즈는 채썬 후 파르메산치즈를 뿌려 섞어 둔다.

4 프라이팬에 버터를 두른 후 양파와 셀러리를 넣고 볶다가 채썬 소고기를 함께 넣어 볶은 후 소금과 후춧가루로 간을 한다.

5 프라이팬을 뜨겁게 달궈 기름을 두르지 않고 또띠야를 앞뒤로 바삭한 느낌이 들도록 구운 후 4등분하여 둔다.

소스(양념장) 만드는 법

1 그릇에 토마토케첩, 올리브유를 분량대로 넣고 잘 섞어 준다.

2 다진 오이와 다진 토마토를 넣고 다시 잘 섞는다.

3 핫소스와 레몬즙을 넣어준 후 소금과 흰후춧가루를 넣어 간을 맞춘다.

TIP
또띠야는 멕시코 음식의 기본 식재료 중 하나로 옥수수가루를 물에 개어 우리나라의 밀전병처럼 만든 것이다.

올리브유 2큰술, 케첩 3큰술

다진 오이 2큰술, 다진 토마토 3큰술

핫소스 1큰술, 레몬즙 1작은술

소금·흰후춧가루 약간씩

만두피샐러드

주재료(2인분)

냉동 만두피 10장, 치커리 100g, 양상추 5장, 삶은 메추리알 10개, 방울토마토 5개, 튀김용 기름 적당량

요리 만드는 법

1 치커리와 양상추는 씻은 후 한입 크기로 뜯어 얼음물에 담가 생생하게 한 후 체에 밭쳐 물기를 뺀다.

2 메추리알과 방울토마토는 반을 갈라 놓는다.

3 만두피는 해동시킨 후 한 장씩 떼어 손가락 두께로 채썬다. 170℃ 정도의 튀김기름에 노릇하게 튀겨낸 후 종이 타월에 얹어 기름기를 뺀다.

소스(양념장) 만드는 법

1 그릇에 딸기잼과 마요네즈를 넣고 잘 섞어 준다.

2 연겨자와 식초, 꿀을 넣어 맛을 낸다.

3 올리브유를 넣어 부드럽게 한 후 소금과 후춧가루를 넣어 간을 맞춘다.

TIP 딸기잼을 이용한 소스는 맛이 달콤하고 부드러워서 샐러드를 싫어하는 아이들에게 효과 만점인 샐러드 소스이다.

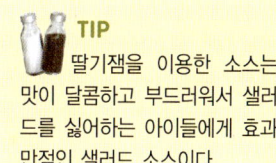

딸기잼(사과잼)·마요네즈 4큰술씩 　연겨자 1/2작은술 　식초 2큰술, 꿀 1큰술

올리브유 2큰술 　소금·후춧가루 약간씩

과일너트샐러드

주재료(2인분)

오렌지 2개, 사과 1개, 키위 2개, 딸기 5개, 건포도 2큰술, 너트류(땅콩, 파스타치오 100g)

요리 만드는 법

1 오렌지는 엷은 소금물에 씻어 껍질째 8등분한 후 껍질을 말끔히 벗겨 낸다.

2 사과는 깨끗이 씻어 씨를 도려낸 후 껍질째 얇게 썰어 준비한다.

3 키위는 껍질을 벗겨 세로로 6등분해 놓는다.

4 딸기는 크면 4등분 작으면 2등분해 두고 건포도는 물에 살짝 불린 후 물기를 빼 둔다.

5 땅콩과 파스타치오는 껍질을 벗겨 종이타월 위에 올린 후 굵게 다진다.

소스(양념장) 만드는 법

1 그릇에 마요네즈를 담고 생크림을 넣어 잘 섞는다.

2 섞던 재료에 꿀과 레몬즙을 넣어 새콤달콤한 맛을 낸다.

3 파르메산치즈를 넣어 고소한 맛을 낸 후 소금과 후춧가루로 간을 한다.

TIP 호두와 땅콩과 같은 견과류에는 단백질과 지방이 다량 함유되어 있다. 반면 과일에는 비타민과 무기질이 풍부하다. 이런 과일과 견과류를 함께 섭취하면 한 끼 식사로 영양 면에서나 열량 면에서 충분하다.

마요네즈 4큰술, 생크림 2큰술

꿀 1큰술, 레몬즙 1작은술

파르메산치즈 1큰술

소금·후춧가루 약간씩

굴튀김야채샐러드

주재료(2인분)

굴 200g, 영양부추 1/4단, 래디시 2개, 녹말가루·밀가루 1/2컵씩, 달걀 2개, 빵가루 2컵, 파슬리찹 1작은술, 소금 약간, 튀김기름 적당량

요리 만드는 법

1 굴은 껍데기를 고른 후 옅은 소금물에 재빨리 흔들어 씻어 건져 둔다.

2 손질한 굴은 끓는 물에 식초를 2~3방울 떨어뜨린 후 살짝 데쳐 식혀 둔다.

3 영양부추는 손질한 후 3cm 정도의 길이로 잘라 두고 래디시는 채썰어 둔다.

4 데친 굴에 녹말가루와 밀가루를 섞어 옷을 입히고 달걀물을 씌운 후 파슬리찹을 섞은 빵가루 옷을 꼭꼭 눌러 입힌다.

5 튀김기름에 빵가루를 넣어 바로 떠오르면 빵가루옷을 입힌 굴을 얌전히 넣어 노릇하게 튀겨 낸다.

소스(양념장) 만드는 법

1 그릇에 우유를 담고 크림 치즈를 넣어 거품기로 섞어 준다.

2 꿀, 올리고당과 레몬즙을 넣어 맛을 낸다.

3 마지막으로 소금과 후춧가루를 넣어 간을 한 후 완성시킨다.

TIP

굴을 구입할 때에는 우유 빛을 띠며 검은 테가 선명하고 알이 토실토실한 것으로 고른다. 손질할 때는 옅은 소금물에 재빨리 잡티나 껍데기만 골라 내어 씻어야 맛이 좋다.

우유 1/2컵, 크림 치즈 4큰술

꿀 1큰술, 올리고당·레몬즙 2큰술씩

소금·후춧가루 약간씩

감자모둠샐러드

주재료(2인분)

감자 3개, 오이 1/2개, 귤통조림 1통, 옥수수통조림 1/2통, 마카로니 100g, 소금 1작은술, 설탕 2큰술, 올리브유 1큰술

요리 만드는 법

1 감자는 사방 2cm 크기의 주사위 모양으로 썰어 모서리 부분을 다듬은 후 찬물에 헹궈 물기를 빼 둔다. 오이는 씨부분을 뺀 나머지 부분을 네모지게 잘라 둔다.

2 냄비에 감자가 잠길 정도의 물을 붓고 끓어 오르면 감자를 넣어 10분 정도 익힌다.

3 감자가 익으면 냄비바닥에 물이 자작한 정도로만 남기고 따라낸 후 소금과 설탕을 넣고 남은 물이 바짝 줄어들 때까지 주걱으로 뒤적여 가며 익혀 준다.

4 귤 통조림과 옥수수 통조림은 체에 받쳐 물기를 빼고, 마카로니는 끓는 물에 식용유를 약간 넣고 5분 정도 삶은 후 체에 받쳐 올리브유에 살짝 버무려 둔다.

소스(양념장) 만드는 법

1 그릇에 마요네즈와 연유를 넣고 거품기로 잘 저어 준다.
2 식초와 설탕을 넣어 맛을 조절한다.
3 연겨자를 넣어 톡 쏘는 맛을 낸 후 레몬즙으로 더욱 상큼하게 한다.
4 파슬리찹을 넣어 향을 내고 소금과 후춧가루로 간을 한다.

TIP

감자에 있는 전분은 익히면 호화 전분으로 변하면서 감자에 풍부한 비타민C가 가열로 인해 손실되는 것을 막아 준다. 감자는 통째로 찬물부터 넣고 삶는 것이 좋으며 잘라서 삶는 경우에는 물이 끓어오르면 넣고 삶아야 감자의 제 맛을 느낄 수 있다.

 →  →  →

마요네즈 4큰술, 연유 2큰술 / 식초·설탕 2큰술씩 / 연겨자·레몬즙 1작은술씩 / 파슬리찹·소금·후춧가루 약간씩

항정살과 매콤한 간장소스

요리 만드는 법

항정살에 분량의 양념을 넣고 버무려 육질을 한결 부드럽게 한다.

소스(양념장) 만드는 법

▶ 매콤한 간장소스

1 그릇에 맛간장과 참치액젓을 넣고 섞은 후 식초와 물엿을 넣어 새콤달콤하게 한다.

2 다진 마늘과 매운 고추를 넣어 매콤하면서 개운한 맛이 돌도록 한 후 후춧가루를 약간 넣는다.

주재료

항정살 600g, 쌈용 야채, 소금 적당량

고기양념

배즙(시판용 배 음료) 1/2컵, 참기름 1큰술, 소금 1작은술, 후춧가루 약간

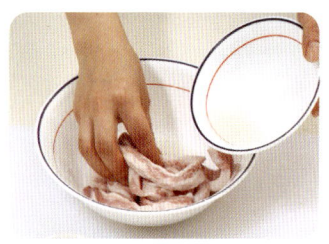

맛간장 3큰술, 참치액젓 1큰술, 식초·물엿 2큰술씩
(p117 참조)

다진 마늘 1큰술, 다진 고추 2큰술, 후춧가루 약간

▶ 곁들임 샐러드

1 양파와 양배추는 가늘게 채썰고 영양부추는 짧게 썰어 놓는다.

2 분량의 양념들을 잘 섞어준 후 준비한 야채에 끼얹어 고기에 곁들여 낸다.

준비재료

양파 1/2개, 양배추 2장, 영양부추 50g

TIP
항정살은 돼지의 목에서 어깨까지 연결되는 목덜미살을 말하며 살코기 사이에 촘촘히 박혀있는 마블링(흰빛의 지방) 때문에 맛이 연하고 고소하며 아삭아삭하다. 천겹차돌, 천겹살로 불리기도 한다.

진간장 1큰술, 다시물 3큰술, 연와사비 1큰술

식초·올리고당 3큰술씩

갈매기살과 된장소스

소스(양념장) 만드는 법

 주재료
갈매기살 600g, 쌈용 야채

>> 된장 소스

1 양파는 곱게 다져 찬물에 헹군 후 물기를 꼭 짜 둔다.
2 그릇에 일식 된장과 다시물을 넣고 잘 풀어 준다.
3 잘 풀어진 된장물에 다진 양파와 다진 마늘을 넣는다.
4 핫소스와 들기름을 넣어 매콤하면서 고소한 맛을 낸다.

일식 된장 3큰술, 다시물 5큰술   다진 양파 5큰술, 다진 마늘 1큰술   핫소스·들기름 1큰술씩

>> 곁들임 샐러드

 준비재료
채썬 대파 100g, 콩나물 200g

1 채썬 대파는 찬물에 주물러 씻어 미끌거림을 없애 주고 콩나물은 살짝 데친 후 찬물에 헹궈 아삭하게 준비한다.
2 그릇에 양념을 분량대로 넣고 잘 섞어 준다. 준비한 대파와 콩나물에 넣고 고루 버무린 후 고기에 곁들여 낸다.

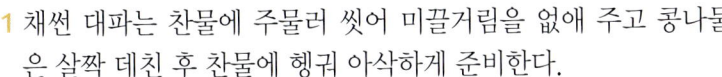
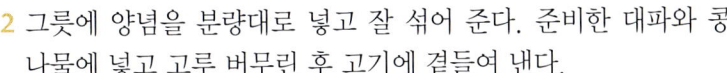

고춧가루 3큰술, 국간장 1작은술, 설탕 2큰술   식초 3큰술, 맛술 1큰술

다진 마늘·깨소금 1작은술씩

> **TIP**
> 갈매기살은 돼지고기의 횡경막(배와 가슴을 나누며 경계를 이루고 있는 근육성의 막)과 간 사이의 근육질의 힘살을 말하며, 소고기의 안창살과 비슷한 부위로 맛이 담백하며 쫄깃하다. 갈매기살이란 명칭은 갈매기와는 아무 상관없는 '가로막이살'의 명칭에서 구전으로 부르기 쉽게 변형되어 붙여진 이름이다.

오겹살과 초고추장소스

소스(양념장) 만드는 법

>> 초고추장 소스

1. 그릇에 고추장과 사이다를 넣고 잘 풀어 준다.
2. 연와사비와 꿀을 넣어 맛을 낸 후 레몬즙을 넣어 새콤한 맛을 낸다.

고추장·사이다 3큰술씩

연와사비 1/2큰술, 꿀 2큰술

레몬즙 1작은술

주재료
오겹살 600g, 쌈용 야채

>> 고기담금장과 샐러드

1. 분량대로 맛간장과 청주를 섞어 고기담금장을 준비하여 오겹살을 살짝 담궈 앞뒤로 익힌다.
2. 고기가 먹음직스럽게 익으면 준비한 소스와 무생채를 곁들여 먹는다.

준비재료
맛간장 1/4컵(p117 참조), 청주 1/2컵, 와사비 무생채(p61 참조)

TIP
삼겹살은 육질이 살부분을 중심으로 기름부위가 위 아래로 감싸고 있고, 오겹살은 삼겹살에서 바깥쪽의 돈피를 제거하지 않은 육질을 말한다.

삼겹살과 고추장사과소스

소스(양념장) 만드는 법

▶ 고추장 사과소스

1 사과는 껍질을 벗겨 반을 갈라 반은 다지고 반은 즙을 내어 놓는다.

2 그릇에 고추장을 담고 다진 사과와 사과즙을 넣고 잘 섞은 후, 레몬즙과 물엿을 넣어 더욱 새콤달콤하게 만든다.

TIP 삼겹살에 소금, 후춧가루, 생강즙을 약간씩 넣어 양념을 한 후 구우면 한결 맛있게 고기맛을 즐길 수 있다.

고추장 3큰술, 다진 사과 2큰술, 사과즙 3큰술   레몬즙·물엿 1큰술씩

▶ 곁들임 샐러드 1

1 신김치를 소를 털어 내고 물에 살짝 씻은 후 꼭 짜 둔다.
2 들기름에 버무린 후 먹기 좋은 크기로 자른다.

준비재료
신김치 1/2포기, 들기름 2큰술

▶ 곁들임 샐러드 2

1 배추는 억센 잎은 떼어낸 후 깨끗이 씻어 둔다.
2 물에 식초, 설탕, 소금을 섞은 후 배추잎이 나른해지도록 절여지면 씻어 물기를 짠다.

준비재료
배추 1/4포기, 물 5컵, 식초·설탕·소금 1컵씩

Part 3

만들어 두면 요긴한 소스들

미리 준비해 두면 요리가 더욱 즐거워진다. 나물에 쓰일 간장도 쌈과 함께 먹거나 밥에 비벼 먹어도 좋은 고추장도 짬을 내어 준비해 두자. 식사 걱정도 덜고 요리가 더욱 맛있어진다.

맛간장

소스(양념장) 만드는 법

1 재료들은 깨끗이 손질하여 물기를 빼둔다.

2 냄비에 분량의 간장과 다시물, 꿀, 청주를 넣고 잘 섞어 준 후 센불에서 끓인다(넘치지 않도록 주의한다).

3 양념이 한소끔 끓으면 준비한 재료들을 베보자기에 넣어 양념에 담근다. 중불로 줄여 5분 정도 끓이다가, 양념맛이 서서히 우러나도록 약불로 줄여 20분 정도 더 끓인 후 불에서 내려 식힌다.

4 식으면 베보자기를 살짝 짠 후 건져 내고 물기 없는 깨끗한 용기에 담아 보관한다.

준비재료 및 양념

사과 1/2개, 양파 1/2개, 대파 1/2대, 생강 1쪽, 마른 홍고추 1개, 통후추 1큰술, 진간장 500ml, 다시물 1컵, 꿀 · 청주 1/2컵씩

TIP

맛간장은 간장에 양념을 더하기 때문에 요리의 맛을 더욱 살릴 수 있다. 간장과 설탕의 비율이 잘 안 맞아서 낭패가 잦은 요리의 경우 맛간장을 사용하면 좋다.

조림요리 잘하는 법

1 너무 짜서 낭패가 잦으면 간장1 : 물3의 비율로 조절을 해 본다(소고기장조림, 고등어조림).

2 단단한 근채류와 같은 재료는 충분히 졸여 주어야 제 맛이 나는데 졸이는 중 모양이 많이 망가지므로 한 번 익혀 낸 상태에서 간장을 넣고 졸여주면 모양과 맛을 지키기에 적당하다(감자조림, 우엉조림).

3 조림에서는 불 조절에 신경을 많이 써야 하는데 처음에는 센불에 두어 재료가 끓어오르면 중불로 잠시 줄였다가 약불에서 충분히 졸여준 후 국물이 바닥에 자작하게 남았을 때 센불로 옮겨 수분을 날려 버려야 윤기나는 조림이 된다(두부조림, 콩자반).

4 냄비에 조릴 재료는 너무 가득 채우지 말고 반 정도만 넣어야 뒤적이기에 좋고, 윤기가 나지 않을 경우에는 설탕 대신 물엿을 넣는다.

고추기름

소스(양념장) 만드는 법

1. 마늘과 생강은 납작납작하게 썰어 준비하고, 대파는 3cm 정도의 길이로 잘라 준비한다.
2. 오목한 프라이팬을 달궈 식용유를 약간만 두르고 준비한 마늘, 생강, 대파를 넣고 볶는다.
3. 마늘향이 돌면서 기름에 양념맛이 배면 분량의 식용유와 고춧가루를 넣고 기름이 타지 않도록 주의하면서 약불에서 끓인다.
4. 고춧가루가 까맣게 되면서 기름에 붉은 색이 돌면 불에서 내린다.
5. 체에 종이타월을 3~4장 정도 겹쳐서 깔아 뜨거울 때 고추기름을 거른 후 약간 식혀서 깨끗한 밀폐용기에 보관하여 사용한다.

준비재료 및 양념

고춧가루 1컵, 식용유 2컵, 마늘 4쪽, 생강 2쪽, 대파 1/2대

≫ 고추기름 활용 – 칠리소스

1. 냄비에 분량의 양념을 모두 섞어 준다.
2. 한소끔 끓인 후 식혀서 사용한다.

토마토케첩 7큰술, 흑설탕 2큰술   다진 마늘 1큰술, 고추기름 1큰술

TIP
고추기름의 양이 많으면 설거지에 용이하도록 종이 타월을 쓰고 양이 적으면 종이 필터나 입자가 고운 체를 사용한다. 고추기름에 사용되는 고추의 캡사이신이라는 성분은 위벽을 자극하여 소화를 돕고 위장운동을 활발하게 하여 식욕을 돋구는 역할을 한다. 감기에 걸렸을 경우 뜨거운 콩나물국에 고추기름을 약간 넣어 먹으면 맛도 좋고 감기 치료에도 효과가 있다.

약고추장

 소스(양념장) 만드는 법

1 갈은 소고기는 다시 한번 곱게 다져준 후 분량의 양념을 넣고 조물거려 밑간해 둔다.

2 오목한 프라이팬에 식용유를 약간만 두르고 양념한 소고기를 휘저어가며 볶아준 후 고추장과 배즙을 넣고 저어가며 바글바글 끓여 준다.

3 고추장이 약간 걸쭉해지면 꿀과 다진 잣을 넣고 고루 섞어 한번 더 끓여준 후 농도가 되직해지면 참기름을 넣고 불에서 내린다.

4 완성된 약고추장을 한김 식혀 밀폐용기에 담아 냉장보관하여 사용한다.

 준비재료 및 양념

갈은 소고기 50g, 식용유 약간, 고추장 1컵, 배즙 1/2컵, 꿀 3큰술, 다진 잣 2큰술, 참기름 1큰술,

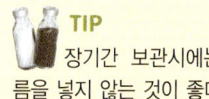 **TIP**
장기간 보관시에는 참기름을 넣지 않는 것이 좋다.

>> **소고기 양념**

설탕·다진 마늘 1/2작은술씩, 참기름 1작은술   진간장 1/2작은술, 청주 1큰술

 **TIP 잣 다지기**
물기 없는 도마에 종이타월을 깐 후 잣을 올리고 칼등에 왼손을 올리고 얌전히 누르듯이 칼날을 내려 고운 가루가 되도록 반복해서 자른다.

쌈 장

준비재료 및 양념

잔멸치 4큰술, 고추장 4큰술, 다시물 1/2컵, 다진 파 1큰술, 다진 마늘 1작은술, 다진 풋고추 2큰술, 물엿·황설탕·맛술 1큰술씩, 통깨 1작은술, 참기름 1큰술

소스(양념장) 만드는 법

▶▶ 멸치 고추장 쌈장

1. 기름을 두르지 않은 프라이팬에 멸치를 넣고 약불에서 살짝 볶은 후 꺼내 놓는다.
2. 프라이팬에 참기름을 두르고 고추장을 볶다가 다시물을 넣고 한소끔 끓인다.
3. 한소끔 끓으면 볶은 멸치, 다진 파와 마늘, 다진 풋고추를 넣고 고루 뒤적이며 볶아 준다.
4. 나머지 양념들을 넣어 고루 볶아지면 작은 그릇에 담아 신선한 쌈과 곁들여 낸다.

▶▶ 베이컨 된장 쌈장

1. 베이컨은 굵게 다져 프라이팬에 기름을 두르지 않고 바삭하게 볶아 낸다.
2. 그릇에 된장을 담고 마요네즈를 넣어 잘 섞어 준다.
3. 잘 섞이면 볶아 놓은 베이컨을 넣고 고루 뒤적인 후 칠리소스와 다진 마늘을 넣어 달콤하면서도 약간 매운맛을 낸다.
4. 완성된 쌈장을 예쁜 그릇에 옮겨 담은 후 요리와 곁들여 낸다.

준비재료 및 양념

베이컨 3장, 된장 4큰술, 마요네즈 1큰술, 칠리소스 1큰술, 다진 마늘 1작은술

마요네즈

소스(양념장) 만드는 법

1 달걀은 신선한 것으로 준비하여 실온에 두었다가 노른자와 흰자를 섞이지 않도록 주의하면서 분리해 놓는다.

2 그릇에 달걀 노른자를 넣고 거품기로 고루 풀어 준다.

3 잘 풀어진 달걀 노른자에 미지근한 현미유를 조금씩 흘려 넣어가며 분리되지 않도록 잘 섞는다.

4 어느 정도 되직한 농도가 되면 현미유와 현미식초를 번갈아 넣어가며 거꾸로 들어보아 떨어지지 않는 농도가 될 때까지 반복해서 섞어 준다.

5 완성되면 소금, 후춧가루, 레몬즙을 넣어 간을 맞추고 물기없는 깨끗한 밀폐 용기에 담아 보관하여 사용한다.

준비재료 및 양념

달걀 4개, 현미유 2큰술, 현미식초 1큰술, 소금·레몬즙 1작은술씩, 후춧가루 약간

TIP
마요네즈를 만들 때 냉장보관했던 달걀을 그대로 사용하면 응고가 잘 되지 않으므로 실온에 1~2시간 정도 두었다가 사용하는 것이 좋고 현미유도 찬 상태보다는 미지근할 정도로 살짝 데워서 사용하는 것이 좋다.

마요네즈와 어울리는 여러가지 소스 및 요리
- 마요네즈 4큰술 + 굴소스 1/2큰술 = 데친 브로콜리, 컬리플라워, 오코노미야끼
- 마요네즈 5큰술 + 카레 1작은술 = 감자튀김, 고구마튀김, 닭튀김
- 마요네즈 5큰술 + 와사비 1작은술 = 새우튀김, 소고기등심 로스구이
- 마요네즈 5큰술 + 고추장 1작은술 = 각종 마른 안주

케첩

소스(양념장) 만드는 법

1 토마토는 완전히 익은 것으로 준비해 십자로 칼집을 준다.

2 끓는 물에 소금을 약간 넣고 토마토를 살짝 데쳐 내어 찬물에 헹군 후 껍질을 벗겨내고 4등분한 후 씨를 발라내어 준비한다. 양파는 깨끗이 씻은 후 굵직하게 썰어 준비한다.

3 냄비에 준비한 토마토와 양파, 물을 넣고 약불에서 무르도록 푹 끓인다.

4 재료가 푹 무르면 믹서기로 곱게 간 후 냄비에 다시 옮겨 담고 월계수잎과 올리고당을 넣은 후 2/3 정도로 줄 때까지 가끔 저어가며 약불에서 졸인다.

5 걸쭉하게 졸여지면 우스터소스, 레몬즙, 소금을 넣고 한소끔 끓인다. 녹말물을 넣어 농도를 조절한 후 불에서 내려 식으면 깨끗한 용기에 옮겨 담아 사용한다.

 준비재료 및 양념

완숙 토마토 5개, 물 1/2컵, 양파 1개, 월계수잎 5장, 올리고당 6큰술, 레몬즙 6큰술, 우스터소스 4큰술, 소금 1작은술, 녹말물 1컵

 TIP
토마토를 활용한 소스 상식

- 홀토마토 : 토마토 모양을 그대로 껍질만 벗긴 상태에서 익혀 국물과 함께 담아 놓은 것.
- 토마토소스 : 홀토마토를 갈아서 통에 담아 놓은 것.
- 토마토페이스트 : 홀토마토를 졸여 놓은 것.
- 토마토케첩 : 토마토페이스트에 여러 양념을 더해 졸인 것.

장어구이소스

🧂 **준비재료 및 양념**

육수 1컵, 진간장 1컵, 물엿(설탕) 1/2컵, 청주 1/2컵, 맛술 1/2컵, 대파 1대, 양파 1/2개, 마늘 5쪽, 월계수잎 2장

소스(양념장) 만드는 법

▶ 간장 소스

1. 대파와 양파는 굵직하게 썰어 프라이팬에 기름을 두르지 않고 마늘과 함께 노릇하게 구워 구수한 맛을 낸다.
2. 냄비에 분량의 장어육수와 재료들을 넣고 센불에서 끓이다가 약불로 줄여 반 정도 되면서 걸쭉해질 때까지 졸여 준다. 완성되면 면보를 깐 체에 밭쳐 밀폐용기에 담아 식혀 냉장보관하여 사용한다(15일 정도 보관 가능).

▶ 된장 소스

1. 장어육수에 된장을 넣고 잘 풀어 준다.
2. 설탕, 레몬즙, 청주를 넣은 후 나머지 재료들을 넣어 매콤한 맛을 낸다.

장어육수 1컵, 일식 된장 4큰술

설탕 · 레몬즙 · 청주 2큰술씩

생강즙 1작은술, 다진 마늘 · 홍고추 1큰술씩

> 🧂 **TIP**
> **장어육수 내기**
>
> 1. 장어뼈는 소금을 뿌려 30분 정도 둔 후 체에 밭쳐 뜨거운 물을 부어 씻어 낸다. 냄비에 담고 물을 가득히 부은 후 생강과 건 홍고추를 넣고 끓인다.
> 2. 센불에서 10분 정도 끓으면 약불로 줄여 국물이 뽀얗게 되도록 끓인 후 면보를 깐 체에 밭쳐 준비한다.

돈가스소스

 소스(양념장) 만드는 법

▶▶ 브라운 소스로 깊은 맛 내기

1 프라이팬에 버터를 녹인 후 밀가루를 넣고 약불에서 뭉치지 않도록 주걱으로 재빨리 저어 준다.
2 밀가루와 버터가 잘 섞이면서 갈색이 되면 케첩을 넣고 볶다가 월계수잎과 육수를 붓고 한소끔 끓인다.
3 한소끔 끓으면 생크림을 넣어 고소한 맛을 내고 우스터소스와 레몬즙을 넣어 간을 맞춘 후 돈가스에 곁들여 낸다.

 준비재료 및 양념

버터·밀가루·케첩 2큰술씩, 월계수잎 2장, 육수 1컵, 생크림 1/2컵, 우스터소스 1큰술, 레몬즙 1큰술

▶▶ 가공식품으로 간단하게 만들기

1 시판용 하이라이스 가루와 육수를 거품기로 잘 풀어 준다.
2 냄비에 버터를 녹이고 케첩과 흑설탕을 넣고 살짝 볶아 준다.
3 하이라이스 푼 물을 넣고 한소끔 끓인 후, 레몬즙과 소금을 넣고 뜨거울 때 돈까스 위에 뿌려 먹는다.

 준비재료 및 양념

하이라이스 가루 1/2컵, 육수 3컵, 케첩·흑설탕 3큰술씩, 버터 1큰술, 레몬즙 1큰술, 소금 약간

스파게티소스

소스(양념장) 만드는 법

1. 토마토는 끓는 물에 소금을 약간 넣고 살짝 데친다. 찬물에 헹궈 껍질을 벗기고 반을 갈라 씨를 발라낸 후 굵게 다진다.

2. 양송이버섯은 밑동을 살짝 잘라 내고 셀러리는 섬유질을 제거한 후 각각 굵게 다진다.

3. 프라이팬에 버터를 녹인 후 다진 마늘, 다진 소고기, 준비한 야채 순으로 볶는다.

4. 볶던 재료에 밀가루를 넣고 섞듯이 볶는다. 케첩을 넣고 다시 살짝 볶은 뒤 육수를 붓고 월계수잎과 오레가노를 넣어 약불로 줄여 졸인다.

5. 충분히 끓어 걸쭉한 농도가 되면 소금과 후춧가루로 부족한 간을 한 후 스파게티면에 곁들여 낸다.

준비재료 및 양념

다진 소고기 150g, 토마토 2개, 양송이버섯 5개, 셀러리 1대, 토마토케첩 · 육수 1/2컵씩, 다진 마늘 1큰술, 밀가루 1큰술, 버터 2큰술, 월계수잎 1장, 오레가노 1/2작은술, 소금 · 후춧가루 약간씩

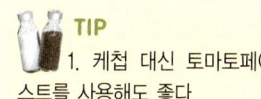 TIP

1. 케첩 대신 토마토페이스트를 사용해도 좋다.

2. 삶은 스파게티면을 소스에 살짝 볶아서 먹으면 소스가 겉돌지 않고 면에 간이 배어 훨씬 맛있게 먹을 수 있다.

Appendix

부록

01 면 맛있게 삶기

 소면 삶기

준비재료

소면 300g, 물 8컵, 소금 1작은술,
식용유 1/2작은술

1 냄비에 물 7컵을 붓고 팔팔 끓인다.

2 물이 끓으면 소금과 식용유를 넣은 후 소면을 부채 모양으로 펴서 넣고 젓가락으로 휘저어 준다.

3 하얀 거품이 일면서 끓어 오르면 물을 1/2컵 부어 거품을 가라 앉히며 다시 끓인다.

4 또 끓어 오르면 물을 1/2컵 더 부어 2~3분 정도 끓인 후 체에 건져 찬 물에 비벼 씻은 후 물기를 쪽 뺀다.

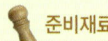 스파게티면 삶기

준비재료

스파게티면 300g, 물 15컵,
소금 1작은술, 올리브유 2큰술

1 냄비에 분량의 물을 붓고 팔팔 끓인다.

2 물이 끓으면 소금을 넣고 스파게티면을 넓게 펴서 넣은 후 젓가락으로 가끔 저어가며 센불에서 9~13분 정도 끓여 준다.

3 면이 부드러워지면 한가닥 건져 잘라 보아 하얀 심이 보일 듯 안 보일 듯 하면 뜨거운 채로 체에 건져 물기를 뺀다.

4 넓은 그릇에 스파게티면을 넣고 올리브유에 버무려 두거나 프라이팬에 올리브유를 두르고 면을 살짝 볶아 사용한다.

③ 냉면 삶기

준비재료
냉면 300g, 물 7컵, 식용유 1큰술

1 면은 손바닥으로 비벼 뭉쳐져 있는 면발을 풀어 준다.

2 냄비에 물이 끓으면 식용유를 넣고 풀어 놓은 면발을 털어서 넣어준 후 눋지 않도록 가끔 젓가락으로 저어가며 센불에서 2~3분 정도 끓여 준다.

3 면이 부드럽게 삶아지면 찬물에 여러번 바락바락 주물러 씻어 넓은 체에 1인분씩 동그랗게 뭉쳐 담은 후 얼음을 군데군데 올려 놓는다.

④ 냄비밥 짓기

준비재료
쌀 2컵, 생수 2,1/2컵

1 양푼에 쌀을 담고 물을 넉넉히 부어 헹구듯이 고루 뒤적인 후 재빨리 쏟아 버린다.

2 손으로 쌀을 으깨듯이 살짝 힘을 주어 문지른 후 물을 넉넉히 부어 살살 2~3차례 헹구어 내고 30분 정도 불린다.

3 냄비에 불린 쌀을 담고 분량의 물을 부은 후 뚜껑을 덮고 김이 나면서 끓어 오르면 약불로 줄여 15분 정도 뜸을 들인다.

4 뜸이 들어 쌀알이 고루 잘 퍼지면 센불에서 10초 동안만 한김을 날려 버린 후 불을 끄고 나무주걱으로 위 아래를 고루 섞어 밥공기에 담는다.

02 여러 가지 용어들

① 1큰술 = 한 수저 = 15cc

② 1컵 = 우유 200cc = 200ml

③ 야채 100g
= 한 대접 = 어른 손바닥 가득

④ 약간씩 : 엄지와 검지로 잡을 수 있는 정도의 양

⑤ 한소끔 : 끓기 시작하여 기포가 완전히 생기며 2~3분 정도 후

03 여러 가지 육수 만들기

›› 다시물

1 다시마는 겉부분을 마른 면보로 살살 닦아 낸다.
2 냄비에 준비한 다시마와 물을 함께 넣어 찬물부터 같이 끓인다.
3 끓어 오르면 약불로 줄여 3분 정도 두었다가 불을 끄고 10분 정도 후에 건져낸 후 사용한다.

준비재료
다시마 사방 10cm짜리 2장, 물 5컵

›› 가다랭이포 육수 만들기

1 냄비에 다시물을 담고 끓어 오르면 가다랭이포를 넣고 한소끔 끓인다.
2 한소끔 끓으면 불을 끄고 맛이 우러나도록 10분 정도 두었다가 면보를 깐 체에 걸러 깔끔하게 사용한다.

준비재료
가다랭이포 1/2컵, 다시물 10컵

›› 간편하게 육수 만들기

냄비에 물을 붓고 스톡을 한 조각 넣은 후 잘 풀어지면서 한소끔 끓어오르면 사용한다.

준비재료
시판용 각종 스톡(치킨 스톡, 비프 스톡, 야채 스톡), 물 3컵

04 맛별로 분류해 본 소스

>> 단맛

설탕　흑설탕　물엿　꿀　올리고당　맛술

>> 매우면서 시원한 맛

갈은 무　양파즙

>> 짠맛

간장　소금　된장　미소된장　참치액젓　까나리액젓

>> 매운맛

다진 파　다진 마늘　다진 풋고추　다진 홍고추　고춧가루　고추장　후춧가루

>> 신맛

레몬즙　매실원액　현미식초　사과식초

>> 톡 쏘는 맛

연겨자　와사비　핫소스

 분위기에 맞는 요리
맛있는 소스 만들기

2005년 6월 30일 1판 1쇄
2013년 6월 15일 1판 8쇄

저   자 : 유지선
펴낸이 : 남상호

펴낸곳 : 도서출판 **예신**
www.yesin.co.kr

140-896 서울시 용산구 효창원로 64길 6
대표전화 : 704-4233, 팩스 : 335-1986
등록번호 : 제3-01365호(2002.4.18)

값 12,000원

ISBN : 978-89-5649-046-5

* 이 책에 실린 글이나 사진은 문서에 의한 출판사의
  동의 없이 무단 전재 · 복제를 금합니다.

쉬운 요리
맛있는 소스 만들기